Mutanten. Gelang es ihm, die Mutanten zu stoppen?

Originalversion von Christian Meckler: 2019

Remake von Lilid DH: 2021

Kapitelverzeichnis:

Radioaktive Mutanten Remake
Lilid DH

Sehr geehrte Leser und Leserinnen, mein Künstlername heißt Lilid DH, ich komme aus Amerika und habe deutsche Wurzeln. Ich hatte im Auftrag von Christian Meckler eine Remake, von der Geschichte >Radioaktive Mutanten< geschrieben. Woher ich ihn kenne, bleibt mein Geheimnis. Die Vorgängerversion von der Geschichte hatte mich sehr beeindruckt, nur am Ende, verlor der Autor den Faden. Ich dachte mir, da könnte man mehr herausholen. Als ich mit ihm in Kontakt trat, verhandelte ich mit ihm, mit einer neuen Auflage. Er sagte sofort zu und so legte ich los. Die Geschichte ist die gleiche, mit ein paar Änderungen, wie es bei einer Remake üblich ist. Vorne weg die Urheberrechte der Vorgänger Version, bleibt beim Christian Meckler, nur die Urheberrechte von der Remake bleibt bei mir. Die Remake gibt es auch in einer US Version. Auch ich verwende Spellboy, um die Rechtschreibung und Grammatik zu überprüfen. Es ist ein sehr gutes Programm, denn Geschichten schreiben erfordert sehr viel Konzentration und man kann nicht immer auf die Grammatik und auf die Richtigkeit der Schreibung achten. Nun wünsche ich Ihnen gute Unterhaltung mit der Remake. Da wir den Coronavirus noch nicht überstanden haben, bleiben Sie gesund.

Ein Team von Wissenschaftlern besorgten sich, aus der Ukraine Tschernobyl, aus dem zerstören Kernkraftwerk etliche verseuchte Proben und testeten dies an Menschen und Tieren. Die Tests waren erfolgreich, aber die Mutanten flohen aus dem Labor und stifteten Unruhen. Der ehemalige Feldjäger Tobias Zunder, der den Dienst, bei der Polizei annahm, rutschte in den Fall hinein und stellte sich dem Kampf gegen die

Kapitel 1.

Die Reise nach Kiew.

Eine kleine Gruppe von 5 Wissenschaftlern zwischen 25 bis 50 Jahren wollten sich für ihr Experiment illegale Proben von Tschernobyl besorgen und flogen mit einem Passagierflugzeug von Frankfurt nach Kiew. Die Flugzeit betrug 2 Stunden und 25 Minuten, schon seit 1 Stunde saßen die Wissenschaftler im Flugzeug. Alle 5 sprachen nur Deutsch und perfekt Englisch, aber ein 1 von denen beherrschte die russische Sprache, auch in Schrift. Dieser Wissenschaftler war für diese Reise nach Tschernobyl, wie geschaffen. Diese Reise machten die Wissenschaftler nicht zum Privatvergnügen, sondern aus Forschungszwecken, dass sehr geheim war. Dennoch bekamen die Wissenschaftler Forschungsgelder, zwar unter falschen Gründen einer Forschungsarbeit, dass die gut beglaubigten konnten. Allen Passagieren waren von dem Flug gelangweilt, dass einige schliefen, andere vertrieben sich die Zeit mit lesen und tranken entweder alkoholische oder nicht alkoholische Getränke, es gab auch einen kleinen eingebauten Radio, mit Kopfhörern, um Musik hören zu können. Das Wetter war schön, die Sonne schien, der Wind war nicht sehr stark und es war selten eine Wolke zu sehen. Es vergingen weitere Flugstunden, nun waren es noch 25 Minuten bis zur Landung. Eine weibliche Stewardess sprachen in Englisch, auf Deutsch und auf Russisch, dass die Passagiere sich zur Landung bereit machen sollten. Alle Passagiere schnallten sich an, um bei der Landung nicht aus dem Sitz geschleudert zu werden. Auch die Flugzeugcrew machte sich bereit, es wurde alles was nicht niet,- und Nagelfest war gesichert und die Besatzung schnallten sich in ihren Sitzen an. Die Besatzung im Cockpit sprachen mit dem Tower in Kiew, über den Landevorgang. Der Tower gab die

Anweisung, auf welcher Landebahn gelandet werden durfte. Das Fahrwerk wurde ausgefahren, das Flugzeug setzte zur Landung an und die Passagiere spürten den Sinkflug, dass einigen Passagieren dabei übel wurde. Für die Crew war das alles Routine und nahmen die Landung ganz entspannt. Das Flugzeug kam mit den Reifen auf dem Boden an und wurde dabei immer langsamer, bis zum kompletten stillstand. Die Crew und die Passagiere schnallten sich ab, standen auf, nahmen ihr Gepäck und verließen nacheinander das Flugzeug. In der Flughafenhalle, wo sich die Information befand, Geschäfte zu finden waren und viele Menschen auf ihr Flugzeug wartenden, trafen sich die Wissenschaftler und besprachen sich, über die weitere Reise nach Tschernobyl. „Ich habe eine Idee“, sagte der jüngere Wissenschaftler, mit schlanker Statur, kurze braune Haare und schwarzen Vollbart, der Russisch sprach. Die anderen 4 schauten ihn an und ein wenig älterer Wissenschaftler, mit grauen kurzen Haaren, grauen Vollbart und normaler Statur meldete sich zu Wort: „Lasse mal hören!“ Der jüngere Wissenschaftler schaute zum Informationsstand und sagte: „Ich bin gleich wieder da.“ Der jüngere von denen ging sofort los. Die anderen schauten ihm nur hinterher, um zu sehen, was er vorhatte. Der jüngere stand am Informationsstand und redete mit der jungen schlanken, blonden Fräulein, die hinter der Theke, am Informationsstand stand und als Auskunft arbeitete. Er sprach mit ihr Russisch, da Russisch ihre Muttersprache war, aber sie verstand auch Englisch. Er fragte sie, wo sich eine Autovermietung befand. Die Dame erklärte ihm, wo er fündig wurde. Er fragte nach einer Stadtkarte von Kiew und von der Ukraine von Tschernobyl. Sie beugte sich hinunter, kramte in den Fächern und übergab ihm die Karten. Er dankte ihr und ging wieder zurück, zu den anderen. Hinter ihm waren noch andere Touristen, um sich Auskunft von der Dame zu holen. Als er bei seinem Team stand, machte eine Handbewegung, die besagte, dass die vier ihm folgen sollten. „Ich weiß, wo wir ein Auto mieten können", sagte der jüngere anschließend. Darauf folgten die 4 ihm. Um an eine Autovermietung zu kommen, fuhren die 5 mit dem Personenbus. Es waren zwar nur 4 Haltestellen, aber zu Fuß war es doch weit. Als die 5 Wissenschaftler am Ziel waren, übernahm der jüngere nochmal das reden und begab sich zu dem Mann der Mitte 30 Jahre alt war, hatte eine normale Statur, kurze blonde Haare und Schnauzbart. Die beiden redeten mit russischer Sprache über ein Auto. Nach mehreren Wortwechseln druckte der Mann, der für die Autovermietung arbeitete den Vertrag, legte es dem jüngeren Wissenschaftler vor die Nase. Er las den Vertrag und unterschrieb, auch der

Vermieter unterschrieb. Nachdem das Vertragliche geklärt war, bekam der jüngere Wissenschaftler eine Kopie von dem Vertrag und die Autoschlüssel.

Fahrt nach Tschernobyl.

Nun wurde es für die 5 Wissenschaftler Zeit nach Tschernobyl zu fahren. Auf dem Parkplatz wurde, nachdem Auto geschaut und gefunden. Es war zwar nicht das neuste Modell, aber besser als zu Fuß, mit dem Fahrrad oder mit öffentlichen Verkehrsmitteln. Die 5 stiegen ein, schnallten sich an, der Motor wurde gestartet und dann ging die Fahrt los. Der Wagen hatte seine besten Jahre schon hinter sich, die Stahlfedern quietschten, die Lenkspur war nicht eingestellt, der Auspuff knallte bei jeder Unebenheit gegen den Unterboden, dabei kam ein dunkler Ruß heraus und der Wagen schaukelte noch dazu. Das Auto glich einem Schlaglochsuchgerät. „Gab es kein besseres Auto, als diese Rostlaube?“, fragte der

Wissenschaftler, der auf dem Beifahrersitz saß. „Wir wollen den Wagen ja nicht behalten. Hauptsache die Karre hält so lange durch uns nach Tschernobyl zu bringen und wieder zurück“, konterte der jüngere Wissenschaftler. Unterwegs las der Beifahrer die Stadtkarte und sagte dem Fahrer, wo er abbiegen sollte. Nach mehreren Kilometern, über holprigen Landstraßen und Autobahnen kamen die 5 durchgeschüttelt in Tschernobyl an. Nun war es an der Zeit das zerstörte Kernkraftwerk zu finden. Zum Glück hatte der jüngere, die Stadtkarte von Tschernobyl dabei und fanden den kaputten Reaktor recht schnell. Das Problem war nun, dass der Reaktor in einem Umkreis von zwei Kilometern um Soldaten und Zaun abgesperrt war. Der Jüngere fuhr zur Schranke und wurde von einem Soldaten angehalten. Der Soldat fragte auf Russisch, was die Wissenschaftler hier machten. Wieder übernahm der Jüngere das

Gespräch und erklärte auf Russisch, dass die 5 Wissenschaftlern Proben bekommen durften. Der Soldat bat um eine Sondergenehmigung. Dann holte ein Wissenschaftler, der hinter dem Beifahrer saß, eine gefälschte Sondergenehmigung heraus und gab sie dem Fahrer. Der Fahrer gab es an den Soldaten weiter. Der Soldat las, was dort geschrieben stand, er erkannte nicht, dass es gefälscht war und glaubte den Wissenschaftlern. Die Schranke wurde geöffnet und die Fahrt wurde sofort fortgesetzt. Ungefähr 100 Meter nach der Absperrung stoppte der Jüngere das Auto. „Wir ziehen unsere Schutzausrüstung an, um vor Strahlung geschützt zu sein“, erklärte der Jüngere. Der Beifahrer sah ihn an und stellte ihm gleichzeitig eine Frage: "Glaubst du, dass die Strahlen immer noch so gefährlich sind?" Der Fahrer öffnete die Autotür. "Sicher ist sicher", war seine Antwort. Damit hatte er die anderen überzeugt, dass sie alle aussteigen und ihre

Strahlenschutzanzüge anzogen. Dann stiegen alle wieder ein und die Fahrt zum Kernkraftwerk ging weiter. Als die 5 mit dem Auto ankamen, stiegen sie alle aus, holten die Behälter aus ihren Reisetaschen und begannen zu sammeln. Es wurden nur organische Gegenstände wie verschiedene Pflanzen, Gewebe, Blut von toten Tieren und Wasser gesammelt. Nachdem die Wissenschaftler alles hatten, was benötigt wurde, wurde alles so verpackt, dass kein Sonnenlicht, keine Luft und keine Feuchtigkeit eindringen konnten.

Zurück nach Kiew.

Es war an der Zeit nach Kiew zurückzukehren. Die Kisten wurden ins Auto geladen, nur die Strahlenanzüge blieben noch am Körper. Es stiegen alle ein, der Motor wurde gestartet und fuhr Richtung Schranke. Etwa 100 Meter vor der Schranke, stiegen alle aus, zogen ihren Strahlenanzug aus, verstauten die im Reisegepäck und fuhren weiter. Vor der

Schranke wurde das Auto gestoppt und warteten, bis die Schranke hoch gelassen wurde. Nachdem die Schranke geöffnet wurde, war der Weg frei und die Fahrt wurde nach Kiew fortgesetzt. Als die Wissenschaftler in Kiew ankamen, war es schon Abend, die Sonne war schon weit hinter dem Horizont, aber es war dennoch Hell genug, auf die schnelle wurde nach einem Hotel für die Nacht gesucht und fanden eines. Jeder Wissenschaftler trug sich ins Gästebuch ein und jeder bekam sein eigenes Zimmer. Die Proben blieben im Auto, da das Auto verschlossen war, konnte es niemand stehlen, ohne es aufzubrechen. Das kleine Abenteuer hatten den Wissenschaftlern ganz schön zu schaffen gemacht. Kaum lagen die Männer in den Betten, fielen schon die Augen zu und schliefen, bis zum nächsten Tag. Am frühen Morgen erwachten die Wissenschaftler aus dem Schlaf, standen auf, verließen die Zimmer und frühstückten. Danach machte sich der jüngere schlau, wo das nächste Postamt war, damit die Kisten nach Deutschland verschickt werden konnten. Auf den Kisten wurde vermerkt, dass die Kisten für Forschungszwecken auf keinen Fall geöffnet werden durften. Damit ersparten sich die Wissenschaftler, beim Zoll unnötige Fragen. Der Versand war nicht gerade billig, aber dafür lohnenswert. Das Auto wurde vollgetankt, innen,- und außen gereinigt und bei der Autovermietung abgegeben. Eigentlich mussten die Wissenschaftler den vollen Preis, für vermieteten Tage bezahlen, da die Firma, die Autos volltankten und reinigten, aber da es von dem Team freiwillig gereinigt und betankt wurde, wurde es als Rabatt verrechnet, somit kamen die Wissenschaftler billiger davon. Mit dem Omnibus fuhr das Team direkt zum Flughafen. Am Ticketschalter wurden die Tickets für den Rückflug entwertet. Die Wissenschaftler stiegen ins Flugzeug und warteten auf den Start. Nach 30 Minuten Wartezeit wurden die Triebwerke gestartet, das Flugpersonal begrüßten die Passagiere, das Flugzeug setzte sich in Bewegung, rollte über die Rollbahn und hob ab.

Kapitel 2.

Gute alte Heimat.

Nach über zwei Stunden Nonstop-Flug, landete das Flugzeug in Frankfurt, rollte über die Rollbahn und kam zum Stehen. Alle Passagiere verließen das Flugzeug, gingen durch den Gangway, bis zur Flughalle. Die 5 Wissenschaftler mussten ihre Reisetasche beim Zoll vorzeigen, danach gingen die 5 gemütlich zum Frankfurter Hauptbahnhof, unterhielten sich dabei, über ihren Ausflug und über den Erfolg der Proben. Am Bahnsteig wurde die durchsagen, über die Lautsprecher angekündigt, dass der ICE und weitere Züge einfuhren und das sich alle hinter der gelben Linie stellen sollten. Der Personenzug kam dem Bahnhof näher, wurde langsamer, dass das Quietschen der Bremsen zu hören war und kam zum Stillstand. Etliche Passagiere stiegen aus und etliche stiegen mit den Wissenschaftlern ein. Der Zug fuhr los zum nächsten Bahnhof. Die Wissenschaftler hatten Sitzgelegenheiten, sprachen über Gott und die Welt, aber nichts über die Proben, da noch andere Menschen im Zug waren, es sollte niemand wissen, dabei schauten sie die vorbeiziehende Landschaft an. Der ICE kam nun in Mannheim an, einige Menschen und die Wissenschaftler verließen den Zug. Nun mussten die 5 in den nächsten Zug einsteigen. Nach ein paar Minuten warten kam der Zug an und auch da stiegen Menschen aus und samt mit den Wissenschaftlern ein. Der Zug setzte sich in Bewegung und fuhr den Gleisen entlang. Als der Zug den 13 Bahnhof erreicht hatte, stiegen die Wissenschaftler, mit den anderen Menschen aus und machten sich auf den Weg zu ihrem geheimen Labor. Das

Labor, das die Wissenschaftler hatten, stand schon lange leer. Es wurde an die Wissenschaftler vermietet, damit dort Forschungsarbeiten durchgeführt wurde. Das Laborgebäude sah von innen aus, als wäre es aus dem Zweiten Weltkrieg. Es hätte schon längst eine Renovierung nötig. Jeden Tag trafen sich die Wissenschaftler im Labor und warteten auf die Kisten. Nach 1 Woche kamen die Kisten im Labor an. Der Paketdienst trug die Kisten hinein, danach unterschrieb einer der Wissenschaftler die Empfangsbestätigung. Der Paketdienst stieg in seinen Lieferwagen und fuhr davon. Die Kisten wurden sorgsam geöffnet und der Inhalt wurde vorsichtig herausgeholt. Auch wenn die Behälter fest verschlossen waren, durch den Transport konnte ein Behälter beschädigt werden oder wäre von selbst aufgegangen. Die Proben wurden bearbeitet. Nun mussten noch Tiere eingefangen werden, die Wissenschaftler gingen mit Tierfallen in den Wald, diese

Fallen töteten keine Tiere, sondern wurden lebendig eingefangen. Es wurden vielmehr kleine Tiere eingefangen, wie Mäuse, Ratten, Marder, Spinnen und andere Tiere, mit viel Glück wurde sogar eine Ringelnatter eingefangen.Einer der Wissenschaftler fand eine herumstreunende Hündin, sogar das Tier wurde für dieses Experiment missbraucht. Nachdem die Tiere in Käfigen und Terrariums untergebracht wurden, ging es in die Innenstadt. Dort wurden nach Obdachlosen Menschen gesucht, aber es gab nicht viele Obdachlose, aber mit viel Geduld wurden doch ein paar Menschen ohne zu Hause gefunden und mit einer versprochener Belohnung überredet an einem Projekt mitzumachen. Es sprach sich unter den Obdachlosen schnell herum, dass es eine Belohnung gab, wenn man sich freiwillig bei den Wissenschaftlern meldete und so wurde die Gruppe immer größer. Einige Obdachlose waren skeptisch und machten nicht mit.

Der Start des Tests.

Noch am selben Tag, gegen Nachmittag versammelten sich die freiwilligen Obdachlosen, es waren jünger und ältere, Damen und Herren vor der Tür, des Labors. Die Tür wurde geöffnet und hereingebeten. Die Obdachlosen wurden in einem separaten Raum gebracht, damit niemand die Tiere sah und Verdacht schöpfte und abhaute. Ein Wissenschaftler erklärte den Vorgang, dass jeder eine Spritze bekam und sich danach hinlegen sollte. Er erzählte eine Lüge, die sehr glaubhaft war, dass sich alle dann besser fühlten, wenn sie wieder aufwachten. Die Wissenschaftler hatten ihre Kitteln an, teilten sich in einer zweier Gruppe auf, der eine Teil machten die Spritzen bereit, um es den Menschen in die Arme zu stechen und die bearbeiteten Proben in den Blutkreislauf zu injizieren. Die anderen zwei kümmerten sich, um die Tiere. Die Tiere bekamen keine Spritze, sondern die bearbeiteten Proben wurden ins Futter gemischt und die Tiere fraßen es auf. Der eine Wissenschaftler machte sich Notizen. Die Obdachlosen legten sich auf die bereit gelegten Matratzen und schliefen friedlich ein. Auch die Tiere wurden nach dem Fressen müde und legten sich zum Ruhen hin. Die Wissenschaftler machten Schluss, zogen die Kitteln aus und gingen nach Hause. Im Labor war alles ruhig, die Menschen und Tiere schliefen tief und fest. Am späten Abend begann das Massensterben alle Menschen und Tiere waren nicht mehr am Leben. Doch es dauerte nicht lange erwachten die Menschen nacheinander zum Leben. Die Haut wurde blass und rissig, dass das Blut herauskam, die Muskeln bauten sich auf und die Augen wurden gelblich. Auch die Tiere erwachten und veränderten sich. Die Ratten und Mäuse wurden etwas größer, breiter und hatten hellgrüne Augen. Die Spinnen wurden auch viel größer, als die gewöhnlichen, eine Vogelspinne war enorm groß und breit, alle Spinnentiere hatten pechschwarze Augen und sahen furchteinflößend aus. Die Hündin wurde nicht größer, aber bekam dafür mehr Körperkraft, bessere Beißkraft und dunkelgelbe Augen. Die Ringelnatter wurde länger und die Haut verhärtete sich, aber mehr passierte nicht. Ein Zombie ging mit einem schwerfälligen gang an die Verbindungstür, wo sich die Tiere befanden und haute mit der flachen Hand dagegen. Da er nicht mehr wusste, wie man eine Tür öffnete, schlug er so lange gegen die Holztür, bis sie nicht mehr standhalten konnte und umfiel. Der Zombie stand zwischen der Türschwelle, schaute in den Raum, sah die Tiere, wie die umherliefen. Die Spinnen krabbelten an den Wänden, an der Decke und auf dem Boden herum. Die Ratten und Mäuse rannten umher und an dem Zombie vorbei. Die Hündin schnupperte an dem Zombie und roch das tote Fleisch. Der Zombie stand nur da und konnte mit dem, was er sah, nichts anfangen.

Die Flucht aus dem Labor.

Ein anderer Zombie ging auch mit einem schwerfälligen Gang an die andere Holztür und schlug mit der flachen Hand mit voller Kraft dagegen. Ein weiblicher Zombie trottete auch an die Tür und schlug auch dagegen. Da hatte die Tür absolut keine Chance standzuhalten, flog aus den Fugen und knallte an die gegenüberliegende Betonwand. Die Zombies trotteten Richtung Ausgang, die Tiere gingen auch mit, aber liefen schneller. Die Schlange blieb als einziges Tier zurück und verharrte im Terrarium, obwohl der Deckel offen war und zu jederzeit hinauskriechen konnte. Die Zombies standen vor dem Ausgang, schlugen so lange gegen die Tür, bis die nachgab und umfiel. Nun waren die lebenden Leichen frei. Die Tiere gingen in verschiedene Richtungen. Auch die

Zombies teilten sich auf, aber ein paar blieben zusammen.

Kapitel 3.

Der Anfang des Horrors.

Am nächsten Morgen, in aller frühe kamen die Wissenschaftler am Labor an und sahen, dass die Tür auf dem Boden lag. Die befürchteten schon das schlimmste, schauten sich gegenseitig erschrocken an und rannten hinein. Im inneren sahen die Wissenschaftler das die Räume, bis auf die Schlange leer war. „Was ist passiert?", fragte ein Wissenschaftler. Die anderen zuckten nur mit den Schultern. Die Schlange stellte sich auf und rasselte mit dem Schwanz. Die Wissenschaftler schauten zu dem Tier, sahen wie groß die war, das Maul öffnete und wie messerscharf die Eckzähne waren. Die Wissenschaftler flüchteten aus den Räumen. Die Schlange rollte sich wieder zusammen und ruhte. Die Wissenschaftler flohen aus dem Labor und rannten nachhause. Eine Ortschaft weiter in Landstuhl, war es bis zum Vormittag ruhig, der Himmel war mit dunklen Regenwolken bedeckt. Der 35-jährige gesellige Typ, mit kurzen schwarzen Haaren, normaler Statur und glatt rasierten Gesicht Tobias Zunder und seine 20-jährige Kollegin, mit langen dunkelblonden Haaren, die zu Zöpfen gebunden waren und schlanker Statur Linda Schick waren, mit dem Polizeiauto auf Streife. Linda sah zum Himmel hinauf. „Sieht nach einem Gewitter aus." Tobias schaute auch kurz nach oben, aber musste sich auf den Verkehr konzentrieren, da er der Fahrer war. „Da hast du recht." In der Zwischenzeit hatten einige Zombies Landstuhl erreicht, da die wandelnden Toten die ganze Nacht quer durch den Wald liefen, wurden die von niemandem gesehen. Ungefähr vierhundert Meter entfernt, spielten vier Waisenkinder, (2 Jungs und 2 Mädchen, zwischen 9 und 13 Jahren) auf einem Feldweg, bei einer verlassenen Lagerhalle. Die Kinder spielten fangen, die Kinder rannten umher lachten und hatten viel Spaß. Tobias und Linda waren immer noch auf Streife und es gab keine Probleme. Tobias stoppte vor einer Bäckerei und fragte, ob Linda einen Kaffee wollte. Damit war Linda einverstanden. Die beiden stiegen aus und betraten die Bäckerei. An der Theke bestellte sich Tobias einen Kaffee. Linda bestellte sich auch einen Kaffee, aber sie hatte ein bisschen Hunger und bestellte sich noch eine Nussschnecke. Da im Polizeiauto essen, trinken und natürlich auch rauchen verboten war, setzten sich die zwei in die Nähe des Ausgangs, um bei einem Einsatz schnell den Streifenwagen zu erreichen. Die junge 20 jährige Bedienung, mit einer sehr schlanken Figur, lange hellbraun Haare, die zu einem Pferdeschwanz gebunden war brachte den Kaffee, die Nussschnecke und stellte dies auf den Tisch. Die beiden dankten ihr und die Bedienung ging zurück hinter die Theke. Linda hörte, dass das Radio lief und es spielte das Lied von The Cranberries, mit dem Titel: Zombie. Linda gefiel das Lied sehr.

Vorbei einer friedlichen Idylle.

Die Kinder hatten genug mit dem Spiel fangen und spielten verstecken. Ein Junge mit schlanker Statur, braunen kurzen Haaren, mit blauen Jeans und schwarzes T-Shirt musste, bis zehn zählen und die anderen versteckten sich. Es fing an zu blitzen, aber das Gewitter war noch weit weg. Ein schlankes Mädchen, mit blonden langen offenen Haaren, hatte ein hübsches blaues Kleid an, versteckte sich in der Lagerhalle, das andere schlanke Mädchen, mit lässiger Mädchenkleidung versteckte sich hinter einem dicken Baum und der Junge, mit normaler Statur, mit lässiger Jungenklamotten im Gebüsch. Der Zähler war bei der Zahl 6, plötzlich kamen die Zombies aus dem Gebüsch, knurrten und keuchten. Der Junge erschrak, brach das zählen ab, drehte sich um und sah die Zombies. Er schrie vor Angst und rannte von der Stelle weg. Der Junge im Gebüsch schaute nach, warum der andere Junge schrie, sah die Zombies und rannte schreiend davon. Das Mädchen hinter dem Baum genauso. Das Mädchen, das in der Lagerhalle war, öffnete die Stahltür, sah die Zombies und haute vor Schreck so die Tür zu, dass diese sich verhakte. Nun saß, das Mädchen in der Falle und die 3 Kinder rannten davon. Die Zombies näherten sich der Stahltür und schlugen dagegen. Das Mädchen zitterte am ganzen Körper, weinte noch dazu und hoffte, dass die Zombies nicht hereinkamen. Immer wieder schlugen die Zombies mit aller Kraft gegen die alte Tür, aber die Tür gab einfach nicht nach. Plötzlich hörten die Zombies auf und gingen weg. Das Mädchen ging mit langsamen Schritten zur Tür, wollte öffnen, aber es ließ sich nicht öffnen. Die Halle hatte ein Rolltor, aber da der Strom abgeschaltet war konnte das Tor nicht geöffnet werden. Nun war das Mädchen gefangen, denn einen anderen Ausgang gab es nicht. Es donnerte laut, dass Gewitter war direkt über ihr und die Regentropfen trommelten auf das Dach, nass wurde das Mädchen nicht, da das Dach in Ordnung war. Das Mädchen rief laut um Hilfe. Tobias und Linda beendeten ihrer Kaffeepause und wollten eigentlich weiter, aber der Regen war so stark, dass die beiden sich entschlossen hatten zu warten, bis es schwächer wurde, sonst wurden die Sitze zu sehr nass. Unerwartet erhellten mehrere Blitzlichter vor dem Fenster, der Bäckerei. Die Bäckereiverkäuferin sah einen Schatten einer Person, mit einer Axt und schrie vor Angst. Linda und Tobias schauten zu ihr. Linda stand auf und ging zu der Verkäuferin. „Was ist denn los?“, fragte Linda. Die Verkäuferin erklärte, mit zittriger Stimme, was sie sah. Tobias stand auf, ging zur Tür, öffnete einen kleinen Spalt, sah kein Mensch, er sah nur die Blitze, den Regen und hörte das Donnern. Tobias schloss die Tür und drehte sich zu den Damen. „Da draußen ist niemand", bestätigte Tobias. Die Verkäuferin beschwor, dass sie einen Schatten sah, der eine Axt hatte. „Ihre Fantasie hat ihnen einen Streich gespielt", witzelte Tobias. Linda hatte ihren Arm, um der Verkäuferin gelegt, damit sie sich beruhigte. Eine Frau, mit normaler Figur, die eine blaue Jeanshose und rotes T-Shirt trug, die ungefähr 30 Jahre alt war, ging im Gewitter, mit ihrem Schäferhund Gassi. Immer noch rief das Mädchen um Hilfe, in der Hoffnung das man sie hörte. Der Hund hörte die Hilferufe, riss sich von seinem Frauchen los und rannte mit der Leine zur Lagerhalle. Die Frau rannte ihrem Hund nach und versuchte ihn zurückzupfeifen. Der Hund hörte nicht, vor der Tür stellte sich der Hund auf die Hinterpfoten und mit den Vorderpfoten versuchte er die Tür zu öffnen. Das Mädchen glaubte, dass die Zombies wieder da waren und verhielte sich still. Die Frau hatte ihren Hund eingeholt und sah sein Benehmen. „Was ist denn los, ist da was?“, fragte die Frau. Das Mädchen hörte die Stimme. „Hilfe, ich bin hier drin“, machte sich das Mädchen bemerkbar. Die Frau versuchte die Tür zu öffnen, aber es war zwecklos, die Tür klemmte. Der Hund grub mit seinen Vorderpfoten ein Loch in den Boden, aber das hätte zu lange gedauert. Der Frau blieb keine andere Möglichkeit, als die Polizei zu rufen. „Ich rufe die Polizei an, die holen dich da raus“, sagte die Frau, um dem Mädchen Hoffnung zu machen. Gesagt getan, die Frau holte ihr Smartphone aus der Hosentasche, wählte den Notruf und wartete. Eine männliche Stimme meldete sich und die Frau erzählte, dass ein Mädchen in der Lagerhalle eingeschlossen war. Der Polizist fragte nach dem Standort. Die Frau versuchte ihm detailliert zu erklären, wo sich die Lagerhalle befand. Der Polizist hatte verstanden, wo sich die Lagerhalle befand und versprach eine Streife hinzuschicken. Die Frau dankte ihm, beendete das Telefonat und steckte ihr Smartphone ein. Die Dame stellte sich vor die Tür. „Die Polizei ist informiert und es wird eine Streife geschickt“, erklärte die Dame. Da war das Mädchen beruhigt. Der Hund rannte um die Ecke der Halle, ins Gebüsch und jaulte plötzlich laut auf. Die Frau ging auch um die Ecke, um nach ihrem Hund zu schauen und rief seinen Namen: „Bronco.“ Blitzschnell erschien die mutierte Hündin, sprang mit einem bedrohlichen kurzen knurren, ihr an den Hals und biss ihr direkt in die Halsschlagader. Es ging für die Frau so schnell, dass sie gar nicht mehr schreien konnte. Der Hund war auch tot, aber erwachte zu neuem Leben, als mutierter Hund und zog mit der Hündin davon.

Routine Einsatz.

Die Zentrale rief Tobias und Linda per Funk. Tobias meldete sich. Die Zentrale gab die Anweisung, dass die beiden sich zur verlassenen Lagerhalle begeben sollten, um ein eingeschlossenes Mädchen zu befreien. Die Melderin war laut Zentrale vor Ort. Tobias bestätigte den Einsatz. „Bleibe du hier, ich fahre hin", sagte Tobias zu Linda. „Passe auf dich auf", sagte Linda besorgt. Tobias erklärte ihr, dass sich ein Mädchen in einer Lagerhalle befand und nicht mehr heraus konnte. Tobias verließ die Bäckerei, beeilte sich an den Streifenwagen, stieg ein und fuhr los. Tobias näherte sich mit dem Streifenwagen dem Feldweg. Durch das Unwetter sah er trotz Scheinwerfer nichts und fuhr langsam weiter. Dabei schaltete er nur das Blaulicht ein, damit die Melderin ihn besser sah. Tobias erblickte die Lagerhalle, aber von der Melderin war nichts zu sehen. Er dachte sich, dass sie die Stelle verlassen hatte, um nicht nass zu werden und sich keine Lungenentzündung zu holen. Das war für Tobias recht, denn dann konnte er sich um den Einsatz kümmern. Er hielte fast neben der Lagerhalle an, stieg aus und ging zu der Halle. Vor der Tür hämmerte Tobias mit Faust dagegen. Das Mädchen erschrak sich und hoffte, dass es die Polizei war, statt erneut die Zombies. Dann hörte sie eine männliche Stimme. „Hallo? Hier ist die Polizei“, gab sich Tobias zu erkennen. Das Mädchen eilte zur Tür und gab sich auch zu erkennen. „Hilfe, ich bin hier drin.“ Tobias versuchte die Tür zu öffnen. Er merkte, dass die Tür klemmte und versuchte es mit der Schulter aufzubrechen, was scheiterte. Tobias hatte schon eine Idee, wie er die Tür öffnen konnte und sagte zu ihr das sie von der Tür weg sollte. Das Mädchen ging einige Schritte zurück, Tobias trat dreimal gegen die Tür, aber auch der Versuch ging ins Leere. „Mist, so komme ich nicht weiter“, sagte Tobias. Doch schon hatte er eine neue Idee. „Höre zu, ich hole ein

Brecheisen. Du bist gleich frei“, sagte Tobias. „Wenn das auch nicht klappt?“, fragte das Mädchen. „Dann brauche ich die Feuerwehr. Die befreien dich mit dem Rammbock“, antwortete Tobias. Das Mädchen hoffte, dass es funktionierte. Tobias ging zum Wagen, er war durch den Regen völlig durchnässt, aber die Befreiung hatte oberste Priorität. Er öffnete den Kofferraum und suchte das Brecheisen. „Wo ist das Teil?“, murmelte er fragend. Etwas weiter hinter ihm stand die Frau, die von der Hündin gebissen wurde, hinter einem Baum und beobachtete Tobias. Denn die Frau hatte sich in einen Zombie verwandelt. Schließlich fand Tobias das Brecheisen und schloss den Kofferraum. Der weibliche Zombie gab ein laut von sich, dass Tobias hörte, drehte sich um, blickte umher, wo das Geräusch herkam und faste an seine Dienstwaffe. „Ist da jemand?“, fragte Tobias. Er dachte, er hätte es sich eingebildet und ging zur Tür. Nun war die

Frage, wer endgültig nachgab, die Tür oder Tobias. Er steckte das flache Stück vom Brecheisen zwischen den Türrahmen und drückte mit aller Kraft. Mit den Händen ging es nicht, also entschied er sich mit dem Fuß gegen das Brecheisen zu drücken. Die Tür gab immer mehr nach, es quietschte und war schon kleiner Spalt offen, dass er das Mädchen sah. Nun war es für Tobias etwas leichter die Tür aufzudrücken. Das Mädchen zog auf der anderen Seite. Mit vereinten Kräften wurde die Tür geöffnet, die Tür gab mit einem knall nach, das Tobias fast nach vorne auf den Boden fiel, konnte sich dennoch festhalten, aber das Mädchen fiel rückwärts mit dem Hintern auf den Boden. Tobias ging zu dem Mädchen, kniete sich zu ihr hinunter, der Blitz erhellte die Lagerhalle und sah, dass das Mädchen total verstört war. „Mein Gott kleine, du bist völlig verschreckt“, sagte Tobias feststellend und fragte was passierte, warum sie hier drinnen war. Das Mädchen fing an zu erzählen. Tobias hörte ihr genau zu, streifte dem Mädchen die einzelnen Haare aus dem Gesicht und wusch ihr die Tränen von den Wangen. Sie brabbelte nur vor sich hin, das Tobias nur Bahnhof verstand. Das einzige Wort, das er verstanden hatte, war Monster. „Was für Monster?“, fragte Tobias. Das Mädchen beschrieb ihm, wie die Monster aussahen. Tobias machte, während das Mädchen die Monster beschrieb ein Bild in seinem Kopf und es entstanden bei ihm Zombies. Das konnte er beim besten Willen nicht glauben. „Wie ist eigentlich dein Name?“, fragte Tobias. „Caroline“, antwortete das Mädchen. Nun hatte Tobias ihren Namen und um ein Vertrauensverhältnis bei Caroline aufzubauen, sagte er ihr seinen Namen. Was bei ihm nicht üblich war, dass er seinen Namen Preisgabe, wenn er im Dienst war, aber bei Kindern machte er eine Ausnahme, da er eine Tochter von 13

Jahren hatte.

Zurück ins Revier.

„Am besten wir fahren zum Revier, dort kannst du mir nochmal alles in Ruhe erzählen“, machte Tobias den Vorschlag. Caroline war einverstanden. Tobias nahm Caroline an die Hand und die beiden gingen eilig zum Streifenwagen. Er öffnete die hintere Autotür, Caroline setzte sich in den Wagen und wurde von Tobias angeschnallt. Dann ging er zum Kofferraum öffnete den Deckel, legte das Brecheisen zurück, schloss den Kofferraum, setzte sich ans Steuer, startete den Motor und fuhr los. „Ich muss noch meine Kollegin, beim Bäcker abholen, die wartet auf mich“, sagte Tobias. Caroline nahm sich davon keine Notiz, sie schaute nur aus dem Fenster und war durch die Zombies noch völlig weggetreten.

Kapitel 4.

Im Polizeirevier.

Als Tobias an der Bäckerei ankam, stieg er aus, öffnete die hintere Autotür, schnallte

Caroline ab und ging mit ihr in die Bäckerei hinein. Linda saß am Tisch, sah Tobias, mit Caroline. „Ich habe mir schon Sorgen gemacht“, sagte Linda erleichtert. Tobias lies Caroline los. „Die Befreiung hatte etwas länger gedauert, als ich dachte“, rechtfertigte Tobias sich. Linda sah Caroline genau an und sah, dass die kleine völlig neben sich stand. Linda fragte, was mit dem Mädchen los war. Tobias erzählte, was Caroline gesehen hatte. Linda konnte es sich auch nicht richtig vorstellen. „War was, wo ich weg war?“, fragte Tobias. Linda schüttelte nur den Kopf. „Nein, alles Bestens.“ Plötzlich ganz unerwartet schoss der Blitz in die Elektrizität der Bäckerei und das Licht war aus. Alle bis auf Tobias hatten sich erschrocken, als das Licht ausging. „Ein Stromausfall“, sagte Tobias gelassen. Die Verkäuferin ging an den Sicherungskasten, um zu sehen welche Sicherung hinausflog. Als sie den Sicherungskasten öffnete, sah sie das der kleine Hebel für die

Hauptsicherung unten war, drückte den Hebel nach oben, aber der Hebel schnallte schnell wieder hinab. Tobias machte der Verkäuferin den Vorschlag, die Bäckerei zu schließen, denn bei dem Unwetter war eh niemand unterwegs. Da gab ihm die Verkäuferin recht. Sie erstellte ein Schild, auf dem geschrieben stand. >Wegen Unwetter geschlossen< Die Verkäuferin schloss die Tür ab, verabschiedete sich und beeilte sich nach Hause. Die Polizisten mussten ins Revier zurück, damit Tobias und Linda die Berichte schreiben konnten. Eilig ging es an den Streifenwagen, Linda schnallte Caroline an, Tobias startete den Motor. Linda öffnete die Beifahrertür, schaute noch einmal kurz umher und stieg anschließend ein. Unterwegs schwächelte das Gewitter, die Blitze ließen nach, es donnerte nicht mehr so heftig und der Regen ließ auch immer mehr nach. Auf dem Parkplatz, am Polizeirevier wurde Caroline von Linda abgeschnallt und ging mit ihr ins Innere des Reviers. Tobias befand sich in der Herrenumkleide und wechselte seine Uniform. Linda führte Caroline ins Büro. „Warte hier, ich und Tobias sind gleich wieder hier", sagte Linda. Daraufhin ging Linda in die Damenumkleide und wechselte ebenso ihre Uniform. Tobias trank noch ein Becher Wasser, aus dem Wasserspender. Linda verließ die Umkleide und hatte ihre andere Uniform an. Tobias und Linda betraten das Büro, Tobias nährte sich Caroline, tastete ihre Klamotten ab, um herauszufinden, ob sie auch ziemlich nass war, aber das war sie nicht, nur etwas feucht, mehr nicht. Linda fragte, was Tobias da machte. Er antwortete, ob Caroline sehr nass war. Linda hatte eine Idee, verließ das Büro. Tobias fragte sich, was Linda vorhatte. Nach ein paar Sekunden betrat Linda wieder das Büro und hatte eine Decke dabei. „Was hast du vor?", fragte Tobias überrascht. „Ganz einfach, Caroline soll ihre Klamotten ausziehen und sich in die Decke wickeln, dann können ihre Klamotten trocknen, in dem wir die Heizung etwas erwärmen“, antwortete Linda. Das wollte Caroline nicht, da schämte sie sich zu sehr sich fremden gegenüber nackt zu zeigen und bekam einen hochroten Kopf. Da hatte Tobias eine andere Idee. „Es wäre besser, wenn ich die Heizung voll aufdrehe und Caroline soll sich der Nähe aufhalten. Da kann sie auch trocknen.“ Damit war Caroline schon eher einverstanden. Linda lächelte Caroline an und dachte sich im inneren, dass die Idee mit der Decke besser gewesen wäre, aber man konnte Caroline nicht zwingen. Linda brachte die Decke wieder zurück. Tobias drehte die Heizung bis zum Anschlag auf. Obwohl es Hochsommer war, war die Heizung nicht abgestellt und erhitzte sich. Tobias stellte einen Stuhl neben der Heizung und bat Caroline an sich zu setzen. Linda kam wieder herein, setzte sich an ihren Schreibtisch, schaltete den PC ein und gab ihr Passwort ein. Tobias tat das Gleiche. Caroline saß neben der Heizung und schielte in Tobias Bildschirm. Caroline sah, dass Tobias ein Schreibprogramm öffnete und anfing zu tippen. Zuerst schrieb Tobias und Linda den Vorfall von der Bäckerei. Danach speicherte Tobias den Bericht ab, öffnete ein neues Fenster und drehte sich zu Caroline um. „Jetzt brauche ich dein voller Name, Vorname und Nachname." „Caroline Ehrenberg." „Alter?" „12" Tobias fragte immer wieder allerlei Sachen, um Carolines Vollständigkeit aufzulisten. Nachdem Tobias damit fertig war, sollte Caroline nochmal alles von Anfang bis Ende erzählen. „So, jetzt erzähle nochmal, ganz in Ruhe, was vorgefallen ist. Du brauchst keine Angst zu haben, hier im Gebäude gibt es keine Monster, auch wenn wir Polizisten von einigen Menschen für Monster gehalten werden", sagte Tobias. Da musste Linda schmunzeln, über Tobias Aussage. Somit fing Caroline an zu erzählen, und zwar haargenau. Manchmal musste Tobias nochmal nachfragen, wenn er was nicht verstanden hatte oder wenn etwas nicht ganz klar war und schrieb alles auf.Währenddessen klopfte es an der Tür. Linda schaute zur Tür. „Ja bitte.“ Eine andere Polizistin, die eine halb-Amerikanerin war, mit bräunlicher Hautfarbe und lange gelockten schwarzen Haaren, betrat das Büro. „Entschuldige, dass ich störe“, sagte die Polizistin reumütig. „Keine Sorge Tamara du störst nicht“, sagte Linda und fragte hinterher was los war. „Tobias Tochter ist da“, antwortete Tamara. Tobias schaute zur Tür. Dann stand Tobias Tochter, die den Tot ihrer Mutter noch nicht richtig verkraftet hatte, dass schon 3 Jahre her war, mit einem grünen Regenmantel zwischen dem Türrahmen. „Natalie, was machst du hier?“, fragte Tobias überrascht. Natalie zog den Regenmantel aus, hatte schwarze lange offene Haare, einen hellen Rock, weißes T-

Shirt und weiße Halbschuhe an, erzählte, dass sie auf dem nach Hause weg das Gefühl hatte verfolgt zu werden. „Weiß deine Mutter das du hier bist?“, fragte Tobias. „Meine Mutter?“, stellte Natalie die Gegenfrage und überlegte. Tobias lehnte sich entspannt zurück, schaute Natalie fragend an, er wusste, dass Natalie noch nicht so weit war, aber er hoffte, dass es sich bald legte. „Ach du meinst Tante Lisa?“, stellte Natalie die Frage. „Schätzchen, wann überwindest du dich Lisa, als deine Mutter anzusehen?“, fragte Tobias. Natalie senkte ihren Kopf und schaute auf den Boden. Das konnte Natalie, an ihrem Vater gar nicht leiden, wenn er in der Öffentlichkeit, vor fremden Schätzchen zu ihr sagte. Alles war erlaubt, aber Schätzchen ging bei ihr gar nicht. „Komme her Prinzessin!“, forderte Tobias. Natalie nährte sich Tobias und wurde von ihm umarmt. „Du magst doch Lisa, oder?“, fragte Tobias. Natalie nickte nur mit dem Kopf. „Du weißt du hast alle

Zeit der Welt, aber Lisa würde sich bestimmt freuen, wenn du zu ihr Mama sagen würdest“, erklärte Tobias. Daraufhin versprach Natalie, dass sie sich Mühe gab. „Du weißt, das Lisa dich auch sehr mag, als wärst du ihr eigenes Kind“, sagte Tobias. Natalie war immer noch in Tobias Arme, schaute zu Caroline, auch Caroline schaute zu Natalie. Natalie lächelte Caroline ein wenig an und Caroline lächelte verschämt zurück. Die beiden ließen sich los, Tobias nahm sein Smartphone und schrieb Lisa eine WhatsApp Nachricht, dass Natalie bei ihm war. Tobias stand vom Schreibtisch auf, ging an das Fenster, öffnete diese, holte seine Zigaretten aus der Uniform und zündete sich eine an. Natalie saß neben Caroline auf einem Stuhl, am liebsten hätte sie Caroline gefragt, warum sie hier war, aber traute sich nicht. Tobias erhielte eine WhatsApp Nachricht, von Lisa. >Danke Schatz, dann brauche ich mir keine Sorgen zu machen, wo Natalie ist, wenn ich nach

Hause komme.< Tobias schaute zum Aschenbecher, sah das sich Wasser gesammelt hatte und schüttete dies aus, ohne das jemand getroffen wurde. Tobias verließ das Büro, ging in die Küche und wollte was essen, aber er hatte sein Essen zu Hause gelassen. Da kam ihm eine Idee, in der Nähe des Reviers gab es eine Bäckerei, vielleicht war Natalie so nett und ging dorthin, um was zu kaufen. Tobias ging ins Büro zurück und wandte sich direkt an Natalie. „Tust du mir einen gefallen?", fragte Tobias. Natalie schaute Tobias an. „Was für einen?", stellte sie die Gegenfrage. Tobias holte seinen Geldbeutel aus der Hosentasche. „Würdest du mir beim Bäcker, was zu essen kaufen?", fragte er. Natalie durfte sich auch was kaufen und sollte Caroline mitnehmen, bestimmt hatte sie auch Hunger. Natalie war einverstanden und bekam 10 €. „Komme mit!", forderte Natalie. Caroline stand vom Stuhl auf und stellte sich neben Natalie. „Wie heißt du?", fragte Natalie. „Caroline“ „Darf ich Caro zu dir sagen?“, fragte Natalie höflich. Caroline hatte nichts dagegen. Dann gingen die beiden los. Linda schaute den zwei Mädchen nach. „Du hast eine nette Tochter“, sagte Linda lobend. Tobias schaute Linda an. „Sie kann nur nett sein, wenn sie will.“

Kinder in Gefahr.

Tobias hatte vergessen, nach dem Aufpasser zu fragen, warum Caroline und die anderen Kinder alleine bei dem Feld waren. Denn Waisenkinder durften in diesem alter nicht alleine sein. Sobald die beiden wieder anwesend waren, fragte er Caroline. Natalie und Caroline verließen das Revier. Die beiden gingen den Bürgersteig entlang zur Bäckerei. Es hatte sich inzwischen durch den starken Regen Nebel gebildet. Die beiden liefen gemütlich zur Bäckerei und unterhielten sich, um sich besser kennenzulernen. Caroline erzählte Natalie, dass sie ein Waisenkind war, dass erweckte Natalie ihre Neugier, wie es dazu kam. Das konnte Caroline nicht genau sagen, das war zu lange her und war noch ein kleines Kind. Das einzige, was Caroline wusste, war, dass ihre Eltern auf einmal verschwunden waren und sie war alleine. Sie wurde damals vom Jugendamt geholt und ins Waisenhaus gebracht. Seit den ganzen Jahren lebte Caroline im Waisenhaus. „Hättest du gerne wieder ein richtiges zu Hause mit Eltern?“, fragte Natalie neugierig. „Am Anfang schon, aber viele kinderlose Paare wollten keine älteren Kinder. Jetzt bin ich 12 Jahre alt und glaube nicht, dass ich mich an neue Eltern gewöhnen könnte“, erzählte Caroline. Das konnte Natalie gut nachvollziehen und hatte schon Mitleid mit Caroline, ohne Eltern aufzuwachsen. Als die beiden bei der Bäckerei ankamen, gingen die zwei Mädchen hinein. Ein kräftiger Bäckereiverkäufer stand hinter der Theke und grüßte die zwei mit einem guten Tag.

Auch die zwei grüßten mit einem guten Tag zurück. „Was hättet ihr den gerne?“, fragte der Bäcker. Natalie schaute sich die Backwaren an. Sie wusste, was ihr Vater gerne aß. Sie bestellte einen gefüllter Streuseltaler und für sich eine Puddingbrezel. Während der Bäcker, das Gebäck einpackte, schaute Caroline sich die Kaffeestückchen an. „Was willst du?“, fragte Natalie. Caroline bestellte sich das gleiche, wie Natalie, aber mit Kirchen, in der Mitte. Der Bäcker packte ein, ging an die Kasse und kassierte ab. Natalie gab dem Bäcker den 10 € Schein und bekam Wechselgeld zurück. Die beiden verabschiedeten sich und wollten gerade gehen, knallte die Hintertür gegen die Wand. Die Mädchen erschraken sich. Der Bäcker ging nachschauen. „Das war bestimmt der Wind“, sagte der Bäcker. Kaum war der Bäcker in der Backstube, schrie er plötzlich kurz auf. Natalie ging vorsichtig zur Backstube, um zu schauen, was los war.

Caroline stand an der Tür. Natalie war fast in der Backstube und hörte ein Schmatzen. „Hallo ... ist alles in Ordnung?“, fragte sie vorsichtig. Plötzlich sah sie, dass der Bäcker in der Blutlage tot auf dem Boden lag. Natalie bekam große Augen, dann kam ein Zombie angetorkelt. Natalie schrie, lies die Tüte fallen und rannte zu Caroline. „Laufe weg!“, forderte Natalie. Caroline war etwas verwirrt, dann kam der Zombie aus der Backstube und Caroline schrie auch auf, lies dabei ihre Tüte fallen. Die beiden rannten zurück zum Revier. Natalie stolperte über die Bordsteinerhöhung, schrie kurz und fiel hin. Caroline blieb stehen, sah das Natalie auf dem Boden lag, rannte zurück, um ihr zu helfen, aber Natalie stand wieder auf und rannte weiter. Die beiden rannten weiter, bis zum Revier. An der Tür klingelte Natalie Sturm, bis der Summer ertönte. Natalie riss die Tür auf und ging hinein, nur Caroline stand, wie versteinert da und wurde von Natalie hineingezogen. Natalie rannte mit Caroline im Schlepptau zu ihrem Vater ins Büro. „Papa“, rief Natalie. Tobias näherte sich den Beiden, sah das Natalie verschmutzte Kleidung anhatte und das beide völlig durch den Wind waren. Natalie fiel Tobias systematisch in die Arme. „Was ist denn passiert?“, fragte Tobias erschrocken. Natalie erzählte im schnellen und hektischen Ton, was vorfiel. Tobias verstand überhaupt nichts und beruhigte seine Tochter. „Langsam beruhige dich, ich verstehe absolut nichts, was du mir sagen möchtest“, sagte Tobias. Natalie atmete tief durch und erzählte noch einmal von vorne.

Merkwürdige Dinge.

Nachdem sich Tobias, die Aussage von Natalie angehört hatte, lief es ihm schon ein kalter Schauer hinter seinem Rücken hinunter. Erst die Sache bei der Bäckerei, als die Verkäuferin eine Person mit einer Axt sah, dann berichtete Caroline über Monster, nun Natalie, die auf dem nach Hause weg verfolgt wurde und nun sah sie auch Monster. Diese Sache wollte Tobias auf dem Grund gehen. „Ich werde zu der Bäckerei gehen und es mir ansehen, ihr zwei bleibt hier“, sagte Tobias. Gerade als er loswollte, klammerte sich Natalie an ihn und wollte ihn abhalten. „Nein, gehe nicht, du wirst getötet“, sagte Natalie mit Tränen in den Augen. Tobias drückte Natalie von sich weg. „Lasse mich los, wirst du jetzt brav sein!“, forderte Tobias. Natalie stand vor ihm, ihr liefen die Tränen an den Wangen herunter. „Ich passe schon auf mich auf“, versprach Tobias. Natalie sagte kein Wort, Caroline stand nur an einem Fleck und war fix und fertig. „Tante Tamara passt auf euch auf“, witzelte Tobias. Tamara schaute Tobias großen Augen an. „Was heißt hier Tante Tamara?“, fragte sie mit einem verschmähten Lächeln. Tobias grinste nur, ging zum Ausgang hinaus. Natalie war immer noch traurig und gleichzeitig geschockt. „Am besten wir rufen den Notarzt und den Leichenwagen an", sagte Natalie unüberlegt. Das fand Tamara gar nicht lustig und stemmte ihre Hände an die Hüften. „Hey Natalie, sowas sagt man nicht, außerdem kann dein Vater auf sich aufpassen", sagte Tamara etwas grantig. Tobias war auf dem Weg zu der Bäckerei, aber der Nebel blockierte ein wenig die Sicht. Nun kam Tobias an der Bäckerei an, vor der Tür sah er die Tüten auf dem Boden. Er kombinierte, dass die Tüten von Natalie und Caroline waren. Tobias ging ins Innere, sah das es nicht Chaotisch aussah. Er ging in die Backstube, sah eine Blutlache, aber keine Leiche. Was er noch sah, waren blutige Fußabdrücke, die zur Hintertür hinausführten. Tobias zog seine Waffe, ging zur Tür, öffnete diese einen Spalt und blickte hinaus. Er sah niemanden, schloss die Tür und ging zurück in den Verkaufsraum. Aus heiterem Himmel stand ein mutierter Hund vor der Tür, knurrte bedrohlich und kam langsam näher. Tobias sah den Hund aus der Ferne genau an, aus dem Maul des Hundes lief rechts und links der Speichel heraus. Der Hund sah noch sehr abgemagert aus. „Was für eine Missgeburt“, sagte Tobias. Der Hund knurrte immer noch und machte sich für den Angriff bereit. Tobias hatte seine Waffe noch in seiner Hand. Der Hund griff mit einem Sprung an. Tobias reagierte, aber es ging so schnell, dass Tobias mit dem Hund zu Boden fiel und der Hund war auf Tobias Körper. Mit der ganzen Kraft versuchte Tobias den Hund von sich wegzudrücken, aber der Hund hatte auch enorme Kraft und versuchte ihn zu beißen. Es war eine ziemliche Kraftprobe zwischen Tobias und dem Hund. Tobias drückte dem Hund die Pistole unter dem Kiefer und schoss, dass das Blut an die Decke spritzte, aber auch an Tobias Uniform. Tobias ließ den Hund los und fiel neben ihm auf den Boden. Tobias stand schnell auf und zielte, aber der Hund war tot. Tobias verließ die Bäckerei und ging eilig zum Revier zurück. Natalie machte sich höllische Sorgen, um ihren Vater, dass sie nur an die Tür starrte. Tamara versuchte mit allen Mitteln Natalie zu beruhigen, aber nichts half. Nach ein paar Minuten kam Tobias herein, Natalie stürmte zu ihrem Vater, um ihn vor Freude zu umarmen. Tamara sah das Tobias Blut auf der Uniform hatte. „Bist du verletzt?“, fragte sie besorgt. „Nein, das ist nicht mein Blut“, antwortete Tobias. Natalie ließ Ihren Vater los und hatte auch das Blut auf ihrem T-Shirt. Tobias erzählte, was er sah und getan hatte. Tobias hatte schon in seiner Dienstzeit, bei den Feldjägern einiges erlebt, aber das mit dem Hund hatte ihn schon erschüttert. Tobias hatte eh Feierabend, ging zur Umkleide und zog sich um. „Hoffentlich lässt sich das Blut rauswaschen“, sagte sich Tobias. Natalie und Caroline warteten vor der Umkleide. Als Tobias herauskam, sagte er, dass Caroline zurück ins Waisenhaus gebracht werden musste. „Kann Caroline nicht bei uns übernachten?“, fragte Natalie. Tobias kam ins Grübeln und war unsicher, ob er zu sagen sollte. „Bitte Papa“, flehte Natalie. Tobias hatte nichts gegen Caroline, nur kannte er das Mädchen nicht gut genug. „Wenigstens so lange, wie die Monster hier sind“, sagte Natalie. Tobias gab nach und ließ 5 gerade sein. „Okay, sie darf bei uns schlafen, aber ...“ Tobias wurde unterbrochen, indem er von Natalie, als dank umarmt wurde. „Deine Mutter muss auch zustimmen“, beendete Tobias seinen Satz. Caroline näherte sich Tobias und dankte für seine Zustimmung. Tobias nahm Natalies Regenmantel, verabschiedete sich bei seinen Kollegen/Kolleginnen und ging mit den zwei Mädchen zum Auto. Tobias drückte auf die Zentralverriegelung von seinem Audi A8, Natalie setzte sich auf den Beifahrersitz, Caroline hinten auf die Rückbank und Tobias auf den Fahrersitz. Er startete den Motor und fuhr los. Unterwegs schauten die Mädchen aus den Fenstern, ob irgendwo noch Zombies waren, aber es waren nur Menschen zu sehen, als gab es die Zombies gar nicht. Tobias hatte vergessen Caroline, nachdem Aufpasser zu fragen und holte es nach. Caroline erzählte, dass der Aufpasser der Meinung war, dass die Kinder alt genug waren, um auf sich selbst aufzupassen. Tobias schüttelte den Kopf und hatte sich das Ziel gemacht, mit dem Waisenhaus zu reden.

Kapitel 5.

Familienleben.

Die Fahrt nach Hause verlief ohne Probleme. Lisa war schon zu Hause, sie war eine sehr sorgfältige Frau, machte sich immer um das Wohlergehen der Familie Gedanken, sie war nicht die dominantere Frau im Haus, aber auch nicht die unterwürfige Frau, sondern hielte das Gleichgewicht, hatte schwarze lange Haare, schlanke Statur, schwarze Leggings und ein schwarzes bauchfreies Top an. Sie schaute was im Fernseher lief und wartete auf ihre

Familie. Tobias bog in die Straße ein und fuhr bis zu seinem Wohnhaus vor. Lisa hatte den Motor gehört, ging an das Fenster, schaute hinaus, sah Tobias, Natalie und ein weiteres Mädchen. Kaum war Tobias mit den beiden Mädchen vor der Tür, öffnete Lisa schon die Tür. „Hi Schatz“, grüßte Lisa. „Hi Liebling“, grüßte Tobias zurück. Die beiden gaben sich einen Kuss. Lisa schaute Caroline an und meinte, wenn Tobias was gesagt hätte, dass er Besuch mitbrachte, hätte sie sich darauf vorbereitet. Tobias erklärte, dass es unerwartet kam und bei dem Trubel nicht mehr daran gedacht hatte. Lisa fragte, was los war. Tobias wollte es gerade erzählen, sah Lisa das an Natalies T-Shirt Blut war, nahm sich die Hand vor dem Mund und fragte erschrocken, ob sie verletzt war. Natalie schüttelte nur den Kopf. Tobias wollte, dass Lisa ihm zuhörte und erzählte was über den Tag so passierte. Lisa fiel ein Stein vom Herzen, dass niemand verletzt war und meinte, dass sie

das Essen Tobias und Natalie warm machte, anschließend würde sie auch für Caroline was zu essen finden. Die Mädchen hatten keinen Hunger, der Tag war für die beiden zu viel. Tobias hatte Hunger, auch wenn er einen Hund erschossen hatte, er war aus einem ganz anderen Holz geschnitzt, der Bundeswehrdienst, bei den Feldjägern hatte ihn abgehärtet. Lisa schlug den Mädchen vor sich umzuziehen, Caroline entgegnete, dass sie nicht zum Wechseln hatte. Lisa verglich die beiden Mädchen und meinte, dass die Klamotten von Natalie passten. Caroline war zwar einen Tick kleiner und minimal schlanker als Natalie, aber das war kein Hindernis. Die beiden Mädchen gingen die Treppe nach oben. Lisa ging in die Küche, um Tobias mit ihren Kochkünsten zu verwöhnen. Tobias betrat auch die Küche, öffnete den Kühlschrank, nahm sich eine Flasche Multivitaminsaft.
„Wie heißt die kleine?“, fragte Lisa.
„Caroline Ehrenberg“, antwortete Tobias.

Lisa war plötzlich ganz still. Tobias füllte sich ein Glas voll und schaute zu Lisa. „Was ist los?“, fragte Tobias verwundert. Lisa wiederholte den Namen und Tobias bestätigte dies. Lisa war völlig in Gedanken versunken. Tobias machte sich Sorgen und fragte, was mit ihr los war. Lisa fing an zu erzählen, sie hatte eine beste Freundin, die Jasmine Ehrenberg hieß und erzählte als Tobias noch mit Melanie verheiratet war, bekam Lisas beste Freundin ein Kind, dass sie Caroline taufte. Lisa übernahm die Patenschaft, da niemand in der Familie wollte. Lisa bekam eine Kopie von der Geburtsurkunde und Abzüge von Fotos, wo Lisa Caroline auf dem Arm hatte, als Caroline noch ein Baby war. 2 Jahre später bekam Lisa erzählt, dass Caroline an Kindstod starb und Jasmine wanderte mit ihrem Mann aus, um die Vergangenheit hinter sich zu lassen. Lisa war sehr traurig, als sie die Geschichte glaubte. Tobias saß am Tisch und aß, denn Lisa gab ihm beim

Erzählen eine Portion. „Das hast du nie erzählt“, sagte Tobias. „Warum auch?“, fragte Lisa, sie fügte hinzu, dass Tobias mit ihrer Schwester verheiratet war und musste sich um seine eigene Familie kümmern. „Damit hat sich meine eigentliche Frage erledigt“, sagte Tobias. Lisa schaute ihn an: „Welche Frage?“ „Na ob Caroline bei uns bleiben konnte“, antwortete Tobias. Natürlich war Lisa damit einverstanden, Caroline war schließlich ihr Patenkind. Tobias legte den Teller in die Spüle, nährte sich Lisa von hinten, legte seine Arme um ihre Hüften und dankte ihr für das Essen. Lisa wollte es nicht, dass ihre Familie ihr dankte, egal was sie tat es kam vom Herzen. „Jetzt müsstest du dich freuen, du hast eine Stieftochter und ein Patenkind“, sagte Tobias. Lisa faste Tobias Hand an. „Einen tollen Ehemann habe ich auch“, sagte Lisa. „Was dir noch fehlt, ist ein eigenes Kind“, konterte Tobias. Das war Lisas Stichwort: „Süß, dass du das sagst, ich wollte eh mal mit dir darüber reden, ob du bereit wärst mit mir ein Kind zu haben.“ Tobias hatte nichts dagegen, die Frage war, ob Lisa dafür bereit war. Klar war Lisa bereit. „Dann strenge dich heute Abend an“, sagte Lisa lächelnd. Da musste Tobias ihr einen Strich durch die Rechnung machen. „Ich glaube nicht, dass ich dafür in Stimmung bin, für das, was heute passiert ist. Ich meine, ich bin zwar einiges gewohnt, aber der Tag hat mir die ganze Lust versaut.“ Lisa hatte dafür Verständnis. Tobias versprach, es zu versuchen, aber wenn er aufhörte, sollte sie es ihm nicht übel nehmen. „Ach was, wenn es nicht geht, geht es eben nicht, dann probieren wir es, wenn du den Kopf wieder freihast“, sagte Lisa und das meinte sie ehrlich.

Neues Familienmitglied.

Lisa wollte nun nach den beiden Mädchen sehen. Tobias ließ Lisa los, sie verließ die Küche, ging die Treppe hinauf zu Natalies Zimmer. Caroline hatte Natalies Klamotten an, es passte ihr, wie Lisa es vermutet hatte und kam Lisa entgegen. „Oh, ich wollte gerade nach euch beiden sehen“, sagte Lisa überrascht. „Natalie ist noch ihrem Zimmer“, sagte Caroline. Lisa lächelte. „Ich muss noch was mit dir besprechen“, sagte Lisa. Caroline hatte schon ein schlechtes Gefühl. „Darf ich doch nicht hier bleiben?“, fragte Caroline kleinlaut. Lisa faste Caroline sanft an die Wangen. „Natürlich darfst du hier bleiben, es geht um was anderes“, sagte Lisa mit einem fröhlichen Ton. Vorher wollte Lisa nach Natalie schauen und ging weiter die Treppe hinauf, während Caroline nach unten ging. Lisa betrat das Zimmer, sah Natalie, die nur mit einem Slip bekleidet auf ihrem Bett saß und nachdachte. Lisa nährte sich Natalie, setzte sich neben sie, dabei erschrak Natalie. „Hey, Spätzchen, warum bist du nicht angezogen?“, fragte Lisa. Natalie wisch ihre Frage aus, in dem sie sich fragte, wo der Zombie herkam. Lisa legte ihren Arm um

Natalies Schulter und meinte das sich jemand einen Streich erlaubte. „Was ist dem Hund, den Papa erschossen hatte?", fragte Natalie. „Der hatte bestimmt Tollwut", antwortete Lisa überzeugend. Natalie hatte Horrorgedanken und glaubte, dass da was anderes dahinter steckte. „Ziehe dich an, ich habe was zu verkünden, dass jeder wissen sollte", sagte Lisa. Natalie stand auf und zog nicht viel an, nur einen Rock und ein Bauchfreier top. Die beiden gingen die Treppe hinunter und Richtung Küche. Caroline saß am Küchentisch und hatte ein volles Glas Multivitaminsaft. Lisa kramte in ihren alten Sachen herum, fand die Geburtsurkunde, ein paar alte Fotos und ging damit in die Küche. Lisa setzte sich ihrer Familie dazu und schaute direkt Caroline an. „Kannst du dir vorstellen, warum ich so dafür bin das du hier bleibst?", fragte Lisa. Caroline hatte keine Antwort. Lisa legte zuerst die Geburtsurkunde auf den Tisch. „Du weißt, was das ist?“, fragte Lisa. Caroline las ihren Namen und schaute zu Lisa. „Bist du etwa meine Mutter?“, fragte Caroline überrascht. Lisa verneinte die Frage mit einem kleinlauten Lachen und antwortete, dass sie die Patin war. Caroline war völlig überrascht, was Lisa ihre Patin war. Lisa zeigte Caroline ein paar alte Fotos, wo Caroline auf Lisas Arm war. Caroline war überzeugt und brach fast in Tränen aus. Natalie war auch überrascht und sah auf die Fotos. Lisa erzählte alles wie es dazu kam, wie Caroline zu einer Waise wurde. Caroline konnte es nicht fassen. „Wenn ich es vorher gewusst hätte, hätte ich dich schon längst zu mir geholt“, sagte Lisa. Das alles musste Caroline erstmal verarbeiten und brach mehr in Tränen aus. Lisa holte ein Taschentuch, gab es Caroline. Caroline dankte ihr, faltete das Taschentuch auseinander, wusch sich die Tränen aus den Augen und schnäuzte. Natalie legte ihren Arm um Carolines Schulter, als wären die beiden sehr lange Freundinnen gewesen. Caroline nahm die Fotos, stand vom Tisch auf und verließ die Küche. Natalie wollte ihr hinterher, wurde von Lisa am Arm gehalten. „Lasse sie!“, forderte Lisa und betonte das Caroline Zeit brauchte, um das zu verkraften. Lisa schaute auf die Wanduhr, die in der Küche hing und sah, dass es in die Abendstunden ging. Caroline saß in Natalies Zimmer, auf dem Bett, schaute sich die Fotos an und weinte.

Keine schöne Nacht.

Lisa, Tobias und Natalie saßen auf dem Sofa und schauten sich im Fernsehen einen Spielfilm an. Nach einer Weile kam Caroline ins Wohnzimmer, sie weinte nicht mehr, aber ihre Augen waren noch feucht. Lisa schaute zu Caroline, winkte sie zu sich. Caroline nährte sich dem Sofa, auf dem alle warteten. Caroline stand neben Lisa. Lisa nahm Caroline liebevoll in die Arme. „Na, gehts wieder?“, fragte Lisa. Caroline nickte nur mit dem Kopf und setzte sich neben

Lisa. Nun schauten sich alle den Spielfilm an. Der Spielfilm war zu Ende, da stellte Lisa die Frage, wo Caroline schlafen sollte. Tobias hatte im Moment keine Idee. Natalie schon. „Sie kann doch bei mir im Bett schlafen“, sagte Natalie. Lisa schaute Natalie schief an. Natalie versicherte das nichts passierte und nur weil sie mit einem Mädchen das Bett teilte, hieß es nicht, dass sie lesbisch war. Lisa dachte darüber nach. „Soll Caroline auf dem Boden schlafen?“, fragte Natalie. Tobias mischte sich ein: „Ich bin dafür, aber nur solange, bis eine andere Schlafmöglichkeit gefunden wurde“, sagte Tobias. Lisa gab schließlich nach. „Na gut“, sagte Lisa. Natalie sprach Lisa ins Gewissen: „Du brauchst dir echt keine Sorgen machen, es wird nichts passieren. Was anderes wäre es, wenn Caroline ein Junge wäre.“ „Na das fehlte noch“, sagte Lisa grantig. Tobias musste darüber lachen. „Du findest es auch noch lustig“, sagte Lisa spöttisch. Tobias entschuldigte sich und lachte immer noch, aber das Kopfkino erinnerte an seine Jugend, mit einem Mädchen. Lisa gab zu, dass sie auch nicht anders war und verlor ihre Jungfräulichkeit sehr früh. „Also gut, macht euch zum Schlafen fertig!“, forderte Lisa. Die zwei Mädchen gingen die Treppe hinauf, Lisa rief noch nach, dass sie gleich hinauf kam. Bis dahin kuschelte sich Lisa noch an Tobias. Lisa ließ 10 Minuten verstreichen und ging zu den Mädchen. Natalie lag mit einem Hautfarbenen Slip und Caroline lag nur mit einem weisen Slip bekleidet im Bett, dann kam Lisa herein und schaute nach den beiden. Lisa ging zuerst zu Natalie, gab ihr ein Küsschen, wünschte ihr eine gute Nacht, dann war Caroline an der Reihe, auch sie bekam ein Küsschen und wünschte ihr eine gute Nacht. Lisa verließ das Zimmer und ging zu Tobias. 1 Stunden später war Lisa und Tobias im Bett. Tobias hielte sein Versprechen und führte mit Lisa den Geschlechtsverkehr durch. Es wurde stürmisch, es Blitzte und es fing heftig an zu Regnen. Plötzlich krabbelte eine enorm große Spinne über sämtliche Dächer. Genau auf dem Dach bei Familie Zunder, machte die Spinne eine Pause und ein Bein hing herunter. Durch den starken Wind klopfte das Bein gegen das Zimmerfenster von Natalie. Caroline war noch wach und hörte das klopfen. Sie schaute, was da war, hatte zu viel Angst selbst hinzugehen und weckte Natalie. Sie rüttelte Natalie wach, als Natalie wach wurde, fragte sie was los war. Caroline antwortete, dass irgendetwas am Fenster war. Natalie stand völlig Müde auf und ging ans Fenster. „Das ist ein Stock, der sich verhakt hatte“, sagte Natalie. Natalie öffnete das Fenster und zog am Spinnenbein. Die Spinne zog ihr Bein hinauf, dabei bekam Natalie einen Schreck, vorsichtig schaute Natalie auf das Dach hoch, sah die Spinne und schrie plötzlich los. Natalie haute das Fenster zu, zog Caroline aus dem Bett und beide rannten zum Schlafzimmer. Lisa kuschelte mit Tobias, bis plötzlich Natalie die Tür aufriss und nach ihrem Vater rief. Tobias und Lisa bekamen einen Schreck. „Was ist denn los?“, fragte Tobias. Natalie erzählte, dass auf dem Dach eine riesige Spinne war. Sofort stand Tobias auf, zog nur eine blaue Jeanshose an, ging an seinen Waffenschrank, tippte den Code ein, holte seine Schusswaffe und ein Magazin heraus. Lisa stand auch auf, zog nur ihren Morgenmantel an. Dann gingen die 4 zur Tür, Tobias war vorne, öffnete die Tür, lief hinaus und schaute auf das Dach. Tobias sah die Spinne. „Scheiße, wo kommt das Ungeheuer her?“, fragte Tobias erschrocken. Die anderen 3 standen auch draußen, sahen das Monster und schrien vor Angst. Die Nachbarn öffneten die Fenster und sahen auch das Vieh. Tobias zielte auf das Insekt. Die Spinne wedelte mit den Vorderbeinen. Da schoss Tobias ein paar Mal auf die Spinne, aber es starb nicht, sondern ergriff die Flucht. Tobias stand Knöcheltief im Regenwasser, aber rannte an die Straßenkreuzung, aber die Spinne war schon zu weit entfernt. Tobias ging wieder zurück, die Nachbarn standen auf der Straße und wunderten sich, wo das Ungetüm herkam. Ein jüngerer Nachbar, von 22 Jahren kam näher. „Oh Mann, dass Biest sah aus, wie von dem Videospiel Resident Evil, wo der Horror in diesem Anwesen beginnt und die Riesen Spinnen auftauchen", erklärte der Nachbar. Tobias stand zwischen seinen Nachbarn. „Wir sind in keinem Videospiel, das ist die Realität", sagte Tobias. Während die Nachbarn noch geschockt waren, kam ein Zombie an die Kreuzung. Tobias sah den Zombie, wie er näher kam. Caroline fing an zu schreien, selbst Natalie bekam Angst und klammerte sich an Lisa. Tobias zielte auf den Zombie und forderte stehen zu bleiben. Der Zombie blieb nicht stehen, er ging weiter. Tobias forderte ein letztes Mal, aber der Zombie kam immer Näher. Tobias schoss ihm in den Körper, aber das hielte ihn nicht auf. Tobias schoss nochmal in den Körper, aber der Zombie blieb standhaft. Tobias zielte auf den Kopf, schoss, traf direkt die Stirn, das Blut spritzte aus dem Hinterkopf heraus und der Zombie fiel rückwärts auf den Boden. Das Blut wurde von dem Regen in den Gully gespült. Tobias näherte sich vorsichtig dem Zombie und zielte, falls der Zombie nochmal aufstand. „Schatz, gehe nicht so nah ran!", forderte Lisa ängstlich. Caroline und Natalie hatten Angst, dass Tobias gebissen wurde. Tobias berührte den Toten Zombie mit dem nackten Fuß, um zu prüfen, ob er wirklich tot war und rüttelte. Der Zombie bewegte sich nicht mehr, aber an der anderen Kreuzung kamen noch 3 Zombies. Tobias sah die Zombies, sah noch das seine Waffe leer war, wechselte das Magazin, der Lauf schnalzte nach vorne und ging eilig zu seiner Familie. „Los rein mit euch!", forderte Tobias. „Was machst du?“, fragte Natalie. „Ich halte sie auf“, antwortete Tobias. Die 3 gingen ins Haus, Tobias zielte auf die Zombies und wartete, bis die lebenden Leichen nah genug waren. Dann schoss Tobias jedem Zombie in den Kopf. Tobias drehte sich zu seinen Nachbarn um. „Hört zu, ihr geht alle in eure Häuser, öffnet, nur wenn ihr sicher seid, dass es ein Mensch ist und geht nur raus, wenn sein muss!“, gab er die Anweisung. „Was hast du vor?“, fragte eine Nachbarin. „Ich werde herausfinden, was vor sich geht“, antwortete Tobias. Die Nachbarn kamen der Anweisung nach, gingen in die Häuser und verriegelten die Tür.

Etwas Ruhe.

Tobias betrat völlig durchnässt sein Haus, sah Caroline, wie sie noch zitterte. Tobias kniete sich vor ihn hin. „Ist alles okay?“, fragte er besorgt. Caroline nickte mit dem Kopf. Tobias fragte, wo Lisa und Natalie waren. Caroline antwortete, dass die beiden im Bad waren, weil es Natalie schlecht wurde. Tobias streichelte Carolines Kopf, erhob sich, ging zum Bad und vor der Tür hörte er, dass Natalie würgte. Tobias betrat das Bad, kniete sich neben Natalie und legte seinen Arm um sie. „Ganz ruhig, es ist vorbei“, sagte Tobias im leisen Ton. Lisa legte Natalies Haare mehrmals hinter die Ohren, weil die andauernd vors Gesicht kamen. Unter Tränen fragte Natalie, wo die Zombies herkamen. Tobias wusste es nicht, aber er versprach es herauszufinden. Wieder würgte Natalie und spuckte das erbrochene in die Toilettenschüssel. Tobias trocknet sich ab, ging aus dem Bad hinaus, näherte sich Caroline, nahm sie in seine Arme und beruhigte sie. „Du brauchst keine Angst mehr zu haben“, sagte Tobias. Im Bad wurde die Toilettenspülung betätigt. Natalie spülte am Waschbecken ihren Mund, mit Leitung,- und Mundwasser aus, damit der Nachgeschmack vom erbrochenen verschwand. Lisa ging mit Natalie aus dem Bad und näherte sich Tobias. „Ich schlage vor, dass die zwei bei uns im Bett schlafen", sagte Lisa. Tobias war damit einverstanden. Die 4 gingen ins Schlafzimmer, Caroline und Natalie legten sich zuerst hin. Dann legte sich Lisa neben Caroline und Tobias legte sich neben Natalie. Es dauerte, bis sich das Adrenalin gelegt hatte, damit alle schlafen konnten, ab und zu zuckten die Mädchen von den Erlebnissen.

Kapitel 6.

Die Morgenstunden.

Am nächsten Morgen, in aller frühe, war eine junge Dame etwa 30 Jahre alt, beim Joggen. Es war noch dunkel, aber das hielte sie nicht ab, denn es war ihr recht, dass um diese Uhrzeit keiner unterwegs war. Nichts ahnend wurde die Joggerin von einem Unbekannten Mann überfallen, zu Boden gedrückt und zog ihre Jogginghose herunter. Ihr war sofort klar, dass er sie vergewaltigen wollte und wehrte sich. Der Kerl war stärker als sie und die junge Dame konnte sich nicht befreien. Gerade als der

Mann loslegen wollte, sah die Dame eine riesige Spinne, die an einigen stellen blutete. Die Dame schrie vor Angst, wurde hysterisch und wollte nur noch weg. Der Kerl ließ nicht locker. „Du brauchst dich nicht so anzustrengen, du entkommst mir nicht“, sagte er genussvoll. Er riss ihr die Klamotten vom Leib, danach zog er sich halbwegs aus. Die Spinne wedelte mit den Vorderbeinen. Der Typ war so tief in seinem Trieb, dass er gar nicht merkte, was hinter ihm stand. Die Dame hatte solche Panik, dass sie völlig blass wurde. Der Triebtäter drang in ihr ein und genoss es. Dann packte die Spinne zu. Der Vergewaltiger wurde hochgehoben und die Dame nutzte die Chance zu fliehen. Sie rannte so schnell, sie nur konnte, schaute nach hinten und sah, wie die Spinne den Triebtäter einwickelte. Ein paar Meter weiter, stand ein Hund. Die Dame sah den Hund, blieb stehen und beobachtete, was der Hund vorhatte. Mit einem drohenden knurren näherte sich der Hund der Dame. Sie ging langsam zurück. Durch den Sturm, wurde von einem Baum ein dicker Ast abgebrochen, der kam der Dame gelegen und hob den Ast auf. Sie wartete, bis der Hund Angriff, um ihn den Ast um die Schnauze hauen. Die Frau versuchte dem Hund Angst zu machen, indem sie mit dem Ast einen Angriff vortäuschte, aber das ließ dem Hund kalt. Der Hund ging in den Angriff, sprang der Frau zu, aber die Dame reagierte schnell und schlug mit dem Ast zu. Der Hund jaulte und das hörten die anderen Hunde. Der Hund stand auf, knurrte bösartig, beobachtete die Dame und ging um sie herum. Die Frau beobachtete den Hund genauso. Die anderen Hunde, eilten zur Hilfe, kurze Zeit später, war die Frau umzingelt. Ihr konnte nur noch ein Wunder helfen. Sie beobachtete die Hunde, aber das waren zu viele, um alle abwehren zu können. Unerwartet griff ein Hund die Frau von hinten an, sie verlor das Gleichgewicht fiel zu Boden und wurde von den Hunden, wie von einem Rudel Wölfen gerissen. Die Frau lag nur noch in ihrem eigenen Blut und verstarb sofort, sie wurde so brutal zerbissen, dass aus ihr nicht einmal mehr ein Zombie wurde. Ein paar Stunden später klingelte Tobias Wecker, der Ton ließ alle aufschrecken. Tobias stellte den Wecker ab, stand auf und ging an den Kleiderschrank. Auch Lisa stand auf und ging an den Kleiderschrank. Die 2 Mädchen kamen gar nicht richtig zu sich und blieben liegen. Lisa holte sich Klamotten aus dem Schrank, schloss die Schranktür und sah, wie die Mädchen noch im Bett lagen. Lisa ging zu Tobias. „Schau mal, wie die beiden friedlich schlafen, wie zwei Engel“, flüsterte Lisa. Tobias schaute zu den beiden. „Ja, am besten wir wecken die beiden nicht“, flüsterte Tobias. Tobias und Lisa verließen das Schlafzimmer, dabei wurde die Schlafzimmertür ganz leise geschlossen. Die beiden gingen in die Küche, Lisa kochte den Kaffee und Tobias deckte den Tisch. Caroline erwachte aus dem Schlaf, sah nur Natalie, die noch schlief, sonst niemanden. Sie stand leise auf, verließ das Schlafzimmer, ging in Natalies Zimmer und zog sich an. Tobias saß am Tisch aß eine Kleinigkeit und trank Kaffee. Lisa trank nur eine Tasse Kaffee. Caroline betrat die Küche, sah noch verschlafen aus und wurde von Lisa gedrückt. „Guten Morgen süße", grüßte Lisa. So wurde Caroline nie im Waisenhaus behandelt, aber es gefiel ihr, wie lieb Lisa war. Caroline setzte sich an den Tisch, wurde von Tobias, mit einem guten Morgen begrüßt und fragte, ob sie gut geschlafen hatte. Caroline antwortete zurückhaltend mit Ja, abgesehen von gestern. Tobias sagte, dass es sehr Schlimm war, mit der Spinne und den Zombies. Lisa lief ein kalter Schauer dem Rücken herunter, wenn sie sich daran erinnerte. Tobias musste los zur Arbeit, wollte das

Geschirr in die Spüle legen, aber Lisa erklärte sich bereit dies für ihn zu tun. Tobias gab Lisa einen Kuss, streichelte Caroline am Kopf und verabschiedete sich. Die beiden verabschiedenden sich auch und Tobias ging zu seinem Auto. Nun war Lisa und Caroline alleine in der Küche. Lisa fragte, ob Caroline, was frühstücken wollte, aber Caroline konnte nichts essen. Nun erwachte Natalie aus dem Schlaf, schaute im Halbschlaf um sich, sah niemand, stand auf, ging in ihr Zimmer und zog sich an. Lisa hatte für Caroline einen Tee gemacht. Natalie kam gähnend in die Küche, ihre Haare waren völlig verstrubbelt und die Augen waren halb offen. Lisa lächelte sie an und umarmte sie. „Guten Morgen du Schlafmütze“, grüßte Lisa. Natalie grüßte zurück und setzte sich neben Caroline an den Tisch. „Hast du Hunger?“, fragte Lisa. Natalie schüttelte nur den Kopf. Lisa machte Natalie auch einen Tee. Lisa machte sich Sorgen, um die Mädchen, denn seit gestern hatten die beiden nichts richtiges gegessen und versuchte die zwei zu überreden, aber keiner der Mädchen bekam einen Bissen hinunter.

Kein gewöhnlicher Tag.

Tobias war im Revier, zog seine Uniform an und steckte seine Stechkarte in die elektronische Stechuhr. Linda war auch schon anwesend, kam aus der Umkleide. „Guten Morgen“, grüßte sie Tobias. Auch Tobias grüßte mit einem guten Morgen zurück. Linda steckte ihre Stechkarte in die Stechuhr. Ein Kollege von der Kriminalpolizei kam den beiden völlig durch den Wind entgegen. Tobias schaute ihn an. „Lars was ist denn los?“, fragte Tobias. Lars berichtete, dass eine weibliche Leiche gefunden wurde, wurde übel zugerichtet und nackt war sie auch. Linda fragte, ob es Sexualverbrechen war. Das konnte Lars nicht beantworten, er musste auf die Ergebnisse von der Gerichtsmedizin warten, aber eins wusste er, die Frau wurde von Tieren zerfleischt. Linda lief es eiskalt dem Rücken herunter. Tobias versuchte sich ein Bild im Kopf zu machen, wie sie aussah. Lisa musste auch zur Arbeit, den der Zug fuhr nicht von alleine. Sie gab den beiden Mädchen jeweils ein Küsschen, verabschiedete sich, ging die Tür hinaus und zum Nachbar. Der Nachbar öffnete die Tür. „Guten Morgen", grüßte der Nachbar. Lisa grüßte zurück und bat um einen Gefallen. „Welchen?", fragte der Nachbar. „Könnt ihr bis heute Nachmittag auf die Mädchen aufpassen?", fragte Lisa. Das war für die Nachbarn kein Problem, denn jetzt musste man zusammenhalten, dass keinem was passierte. Lisa dankte ihre Nachbarn, ging zur Bushaltestelle. Da Lisa für die DB arbeitete, durfte sie kostenlos mit dem Bus mitfahren. Der Bus kam an der Haltestelle an, stoppte, öffnete die Türen, ließ Passagiere ein und aussteigen.

Mädchen unter sich.

Caroline und Natalie waren nun alleine zu

Hause. Die beiden saßen im Wohnzimmer, auf dem Sofa. Natalie schaltete den Fernseher ein. „Bitte kein Horrorfilm, im Moment habe ich genug davon“, bat Caroline. Natalie wollte auch keinen Horrorfilm und schaltete durch sämtliche Kanäle. Es klingelte an der Tür, Natalie stand auf, ging zur Tür, öffnete und sah die Nachbarin. „Guten Morgen“, grüßte die Frau. Natalie grüßte zurück. „Deine Stiefmutter, hatte uns gebeten auf euch aufzupassen“, erklärte die Frau. Natalie bat sie herein, aber die Nachbarin lehnte dankend ab. „Wenn ihr was braucht oder Hunger habt oder sonst was, dann kommt ruhig rüber“, erklärte die Frau. Natalie nahm die Einladung zu Herzen und versprach dies nachzukommen. Die Nachbarin bat, dass die beiden auf sich aufpassen sollten. Auch dies versprach Natalie und bat die Frau auch auf sich aufzupassen. Die Nachbarin versprach es, schaute kurz umher, jedes Mal, wenn sie die toten Zombies sah, wurde ihr unheimlich und verschwand schnell in ihrem Haus. Natalie schloss die Tür ab und ging zu Caroline. Caroline saß nachdenklich auf dem Sofa. Natalie fragte, worüber sie nachdachte. Caroline sprach ihre Gedanken aus, dass Natalie wirklich nette Eltern hatte und jedes Waisenkind wünschte sich solche Eltern. Das rührte Natalie und dankte ihr dafür. „Warum kannst du zu Lisa nicht Mama sagen?“, fragte Caroline. Natalie dachte an früher zurück. „Lisa war früher meine Tante, als meine Mama starb, heiratete sie meinen Vater“, erklärte Natalie. Caroline wollte wissen, woran Natalie's Mutter starb. Natalie erzählte, dass ihre Mutter an einer Überdosis Schlaftabletten starb. „Wie ist das passiert?“, fragte Caroline. Natalie brach in Tränen aus und erzählte, dass ihre Mutter starke Schmerzen hatte, der Hausarzt hatte ihre Mutter Schlaftabletten verschrieben, statt Schmerzmittel und sollte 3x am Tag 1

Tablette nehmen. Als die Dosis nicht anschlug, verordnete der Arzt, dass Natalies Mutter 3 Tabletten am Tag nehmen sollte, dass führte zur Überdosis und verstarb. Später hatte sich herausgestellt, dass der Arzt gar kein Arzt war, sondern ein Betrüger und wurde zu einer Haftstrafe von 6 Jahren verurteilt. 3 Jahre wegen den falschen Papieren und 3 Jahre wegen Totschlags. Caroline war geschockt von der Geschichte und legte ihren Arm um Natalie. „Wie alt warst du, als deine Mama starb?", fragte Caroline. Natalie wusch die Tränen weg. „Da war ich 10 Jahre alt", antwortete sie. Natalie erzählte weiter, dass Lisa Tobias heiratete, damit die Familie nicht komplett auseinander ging. „Ich habe Lisa sehr lieb und würde wirklich zu Lisa Mama sagen, aber ich schaffe es nicht", sagte Natalie. Caroline hatte eine Idee. „Ich bin mir sicher, dass ich von deinen Eltern adoptiert werde und muss mich auch überwinden zu Lisa

Mama zu sagen und zu Tobias Papa. Daher werden wir beide zusammen Lisa überraschen, wenn Lisa nach Hause kommt sagen wir Mama zu ihr. Ich bin sicher, dass du mehr Mut hast, wenn ich es auch sage“, erklärte Caroline. Natalie war von der Idee begeistert. Caroline sagte das Natalie den Anfang machen musste. Natalie war einverstanden. „Wann kommt Lisa nach Hause?“, fragte Caroline. Natalie überlegte kurz. „Um 16:30 Uhr“, antwortete Natalie. „Wir werden Lisa eine Riesenfreude machen“, sagte Caroline. „Du bist echt eine gute Freundin“, lobte Natalie. Caroline konterte, wenn die Adoption erfolgreich war, waren die beiden Schwestern. Da fiel Natalie was ein, was Caroline zu ihr sagte: „Du hast doch zu mir gesagt, dass du dich nicht mehr an neue Eltern gewöhnen könntest.“ „Ja das stimmt, aber an deine Eltern kann ich mich gewöhnen, da die beiden super nett sind“, antwortete Caroline. Die beiden Mädchen nahmen sich in die Arme. Die Mädchen hofften, dass Lisa und Tobias nichts passierte, damit die beiden den Plan durchziehen konnten.

Offene Fragen.

Tobias rief bei dem Waisenhaus an, um herauszufinden warum Caroline und die anderen Kinder alleine beim Feld waren. Es war ein Freizeichen, aber es ging niemand ans Telefon. Das fand Tobias merkwürdig, denn es musste jemand im Waisenhaus sein, der die Kinder betreute. Tobias hatte sich vorgenommen das Waisenhaus zu besuchen. Linda hatte sich bereit erklärt, ihn zu begleiten. Die Beamten fuhren mit dem Streifenwagen zu der Adresse. Vor dem Waisenhaus parkte Tobias den Wagen, die beiden stiegen aus und gingen zum Eingang. Linda klingelte, aber niemand öffnete. Tobias gab der Tür einen kleinen Stoß und die Tür öffnete sich. „Bist du ein Zauberer?“, fragte Linda überrascht. Tobias lächelte Linda an. „Nein, man muss nur wissen, wie man mit einer Tür umgeht“, antwortete Tobias. Die beiden betraten das Waisenhaus, schauten sich um, aber es war Menschen leer. Die beiden betraten den Speiseraum und da stand ein Zombie. Der Zombie sah die beiden und ging zu den beiden. Linda zielte, aber zögerte auf den Zombie zu schießen. Tobias zielte, zögerte keine Sekunde, schoss dem Zombie in die Stirn und fiel sofort um. Linda betrat einen Raum, wo sich die Kinder aufhielten, es gab kein Kind, aber ein mutierter Hund und knurrte bedrohlich. Linda hatte keine andere Wahl, als den Hund zu erschießen und schoss den Hund nieder. Tobias fragte sich, wie die Mutanten ins Waisenhaus kamen und wo die Kinder und Betreuer waren. Linda hatte die Befürchtung, dass den Kindern und Betreuern was zustieß. Tobias betrat ein Büroraum. Im Sessel saß eine weibliche Frauenleiche, die schon um die 50 Jahre alt war und eine schlanke Statur hatte. Tobias näherte sich dem Bürotisch. Linda war dicht hinter Tobias.

Tobias schaute sich die Unterlagen und Papiere an, aber damit konnte er nicht viel anfangen. Er las eine Notiz. >Wir sind einen Ort weiter geflüchtet, aus Angst vor den Monstern, aber wir wissen nicht, wo Caroline Ehrenberg ist. Hoffentlich geht es ihr gut und lebt noch. < Nun wusste Tobias, dass die Kinder und Betreuer in Sicherheit waren, zumindest hoffte er das. Linda schaute die ganze Zeit auf die Leiche. Plötzlich bewegte sich die Leiche, stand auf und gab merkwürdige Töne von sich. Linda und Tobias zielten, schossen gleichzeitig der Zombie Braut in die Stirn. Sofort fiel der weibliche Zombie in den Sessel zurück und gab keinen Mucks mehr von sich. Tobias und Linda schauten sich in die Augen. Tobias nickte Linda gelassen zu. Die beiden verließen, dass Waisenhaus, Linda schaute zu dem kleinen Spielplatz, der vor dem Waisenhaus stand und stellte sich vor, wie die Waisenkinder spielten. Tobias öffnete die Fahrertür, stieg ein und wartete auf

Linda. Linda kam zum Streifenwagen und stieg ein. Tobias startete den Motor und fuhr los, Richtung Revier. Die Presse hatte von den Ereignissen Wind bekommen, machten Videos und Fotos. Der Pressesprecher von der Polizei wurde Interviewt, es wurde über die Mutanten gesprochen und das noch viele Fragen offen waren, aber es dauerte noch, bis es richtige Antworten gab.

Kapitel 7.

Überraschende Ereignisse.

In der Mittagszeit war Natalie und Caroline bei den Nachbarn. Es wurde zu Mittag gegessen. Das Ehepaar saß mit am Tisch, sahen den Mädchen beim Essen zu. Eigentlich wollte das Ehepaar auch Kinder, aber der Mann konnte keine Kinder Zeugen und die Frau konnte keine Kinder gebären. Das frustrierte die beiden schon lange, mit Adoption hatte sich das Ehepaar schon auseinandergesetzt, aber waren unentschlossen. „Schmeckt es euch beiden?“, fragte die Nachbarin. Die beiden Mädchen nickten nur mit dem Kopf, da beide den Mund voll hatten. Da freute sich die Nachbarin. Die Nachbarin erzählte, dass sie und ihr Mann am Überlegen waren, ein Kind zu adoptieren. Caroline schluckte, dass zerkaute Essen hinunter und sagte, dass sie es tun sollte, viele Kinder wünschten sich liebevolle Eltern. Denn das Leben im Waisenhaus war nicht immer einfach. Da sprach Caroline aus Erfahrung. Die Nachbarin war überrascht, dass Caroline ein Waisenkind war. „Bist du von Lisa und Tobias adoptiert worden?“ Caroline erzählte, dass Lisa die Patin war. Das weckte der Nachbarin die Neugier und wollte es genau wissen, aber Caroline konnte es nicht genau erklären und meinte, dass Lisa es besser erklären konnte. Nachdem Essen bedankten sich die Mädchen für das Essen und gingen wieder hinüber. Natalie befand sich im Wohnzimmer, schaltete den Fernseher ein und schaltete von einem

Kanal in den nächsten. Caroline meinte, dass die kinderlosen Nachbarn gute Eltern wären. Die Wissenschaftler schauten auch in den Fernseher, in einem Nachrichtensender, wurde über die Vorfälle von den Mutanten berichtet. Die Wissenschaftler waren nun informiert, was mit den Versuchsobjekten passierte und konnten nicht mehr klar denken. Gegen Nachmittag machten sich die Mädchen bereit Lisa zu Hause willkommen zu heißen und warteten ungeduldig. Lisa kam in die Straße, schaute immer um sich herum, ob nicht ein Zombie oder ein aggressives Tier unterwegs war. Zuerst klingelte Lisa bei den Nachbarn. Die Frau des Hauses öffnete die Tür und grüßte mit einem Hallo. Lisa grüßte zurück und fragte nach den beiden Mädchen. Die Nachbarin antwortete, dass die Mädchen auf der anderen Seite waren. Lisa fragte, ob es Schwierigkeiten gab und ob die Mädchen gegessen hatten. Die Frau bestätigte das keine Schwierigkeiten gab und das die Mädchen gut gegessen hatten. Das freute Lisa sehr. Die Nachbarin unterhielte sich mit Lisa, über Caroline. Währenddessen Lisa alles erklärte, stand Caroline am Fenster und sah Lisa. „Sie ist da, machen wir uns bereit“, sagte Caroline. Natalie war ganz nervös, aber ein Rückzieher gab es nicht, sonst war alles umsonst, was die beiden geplant hatten. Caroline versteckte sich in der Nähe. Lisa verabschiedete sich, ging zur Tür, steckte den Schlüssel in das Schlüsselloch, öffnete die Tür, betrat das Haus, schloss die Tür. Natalie stand da und lächelte. Lisa sah, dass Natalie lächelte und lächelte zurück. „Hallo Schätzchen“, grüßte Lisa. „Hallo Mama“, grüßte Natalie zurück. Lisa traute ihre Ohren nicht und konnte es kaum glauben, dass Natalie Mama sagte. „Hast du eben Mama zu mir gesagt?“, fragte Lisa mit einem Lächeln auf den Lippen. Natalie nickte mit dem Kopf. „Ja, irgendwann muss ich mich überwinden“, antwortete Natalie.

Lisa war hocherfreut, ging zu ihr und nahm sie in ihre Arme. Lisa kamen schon die Freudentränen. „Ich bin froh, dass du endlich über deinen Schatten gesprungen bist“, sagte Lisa erfreut. Lisa schaute umher. „Wo ist Caroline?“ Das war Carolines Stichwort und kam ins Wohnzimmer. „Hallo Mama“, grüßte Caroline. Das stockte Lisa völlig den Atem und schaute zu ihr. „Du auch?“ Lisa war einfach nur überglücklich. „Ich vermute, das ich von euch adoptiert werde und da muss ich mich auch überwinden“, antwortete Caroline. Lisa winkte Caroline zu sich. Caroline kam näher und wurde von Lisa gedrückt. „Ihr seit vielleicht zwei Mäuse“, sagte Lisa. Lisa küsste die zwei Mädchen und war voller Freude, dass ihr die Tränen von den Wangen liefen. Lisa fragte, ob Caroline zu Tobias Papa sagen würde. Da nickte Caroline optimistisch mit dem Kopf. Lisa war so überglücklich, dass sie nichts essen konnte, sie würde am liebsten die Mädchen nur von Küsse überhäufen. Der Tag verging immer weiter in den Abend. Für Tobias war Schicht im Schacht, fuhr nach Hause zu Frau und Kinder. Tobias bog in die Straße ein, sah das noch die Zombie-Leichen auf der Straße lagen. Er parkte sein Auto, stieg aus und machte sich Gedanken, wo er die Leichen hinbrachte. In die Mülltonne war keine gute Idee, da hätte es nur bestialisch gestunken, obwohl es gar nicht auffiel, aber das war auch nicht wirklich nett, dort Tote zu begraben. Er brauchte eine andere Lösung, um die toten loszuwerden und hatte schon eine Idee. Er rief bei der Gerichtsmedizin an, berichtete das in seiner Straße toten gab und mussten abgeholt werden. Der Gerichtsmediziner schickte ein paar Mitarbeiter, um die Toten abzutransportieren. Tobias schaute die Toten Zombies an und war erstaunt, dass die Leichen nicht am Verwesen waren. Tobias ging zu Tür, öffnete und betrat das Haus. „Hallo Papa", grüßte Natalie. „Hi

Spätzchen", grüßte Tobias zurück. Er sah das Lisa übers ganze Gesicht strahlte. Tobias wusste das Lisa immer gut gelaunt war, aber diesmal war sie noch fröhlicher, als sonst. Tobias schaute Lisa an. „Du strahlst, wie ein Honigkuchenpferd", sagte Tobias. „Ich habe auch allen Grund dazu", konterte Lisa. Nun war Tobias neugierig und fragte nach dem Grund. Lisa erzählte voller Stolz, dass Natalie endlich Mama gesagt hatte und Caroline auch. Das freute Tobias genauso. „Das ist halt mein Mädchen, mal gespannt, ob Caroline zu mir …" Er wurde von Caroline unterbrochen. „Hallo Papa", grüßte Caroline. Tobias schaute überrascht zu Caroline. Er nahm Caroline in seine Arme und war stolz auf sie. Natalie lächelte, sie war auf sich selbst und auf Caroline stolz.

Ruhige Nacht.

Am späten Abend, als alle, bis auf Lisa eine Kleinigkeit zu Abend aßen, bekam Lisa einen Anruf von ihrem Chef, mit der bitte, dass sie am nächsten Tag einen Güterzug fahren sollte, da der eigentliche Lokführer Krank wurde und es gab keinen anderen. Lisa willigte ein, denn bevor sie in den Personentransport wechselte war sie im Gütertransport. Ihr Chef dankte ihr für die Einsatzbereitschaft. Natalie war müde, gab ihren Eltern einen Kuss, wünschte eine gute Nacht und ging in ihr Zimmer. Auch Caroline war am Gähnen, aber zum Schlafen war sie noch nicht bereit und wollte lieber bei ihren neuen Eltern bleiben. Die 3 verbrachten noch eine weile zusammen im Wohnzimmer, auf dem Sofa und schauten, was der Fernseher zu bieten hatte. Tobias und Lisa hatten Caroline auf dem Sofa in der Mitte und wurde von beiden geknuddelt. Völlig durch gekuschelt, schlief Caroline ein, ohne das es die beiden merkten. Erst als Lisa durch Zufall zu Caroline schaute und sah sie das Caroline ihre Augen geschlossen hatte. „Hey Mäuschen“, weckte Lisa Caroline. Caroline öffnete die Augen und schaute verschlafen zu Lisa. „Willst du nicht ins Bett?“, fragte Lisa. Caroline stand auf, bekam von Lisa und Tobias ein Küsschen, dann ging Caroline ins Natalies Zimmer. Lisa rückte zu Tobias und kuschelte sich noch ein paar Minuten an ihn. Als die erste Werbung im Fernsehen gezeigt wurde, konnten die beiden nicht mehr wach bleiben. Tobias schaltete den Fernseher aus, dann standen die beiden auf und wollten zuerst nach den Mädchen schauen, bevor es zu Bett ging. Im Zimmer sah Lisa und Tobias, wie zwei Mädchen nebeneinander schlafend im Bett lagen. Die beiden verließen das Zimmer und gingen in ihr Schlafzimmer. Kaum lagen die beiden im Bett, war nichts mit Geschlechtsverkehr, dafür waren die beiden viel zu müde, aber kuscheln ging noch, bis es in das Land der Träume ging. Die Nacht verging ohne Probleme. Der Wecker schaltete sich ein, Tobias und Lisa wachten erholt auf, gaben sich einen Kuss, standen auf und zogen sich an. Das Frühstück wurde zurechtgemacht.

Nachdem Frühstück, musste Tobias los zur Arbeit, gab Lisa einen Kuss und machte sich auf den Weg. Die beiden Mädchen erwachten auch aus dem Schlaf, waren fit, zogen sich an und gingen zur Küche, wo Lisa schon wartete. Lisa sah die beiden Mädchen, begrüßte sie die beiden. Die zwei grüßten zurück, setzten sich an den Tisch und frühstückten.

Keine Ende in Sicht.

Lisa musste nun auch los und gab den beiden noch ein Küsschen. „Bis heute Abend", sagte Lisa. Sie ging die Straße entlang, bekam Gänsehaut von den toten Zombies, ging zur Bushaltestelle und wartete mit den anderen Menschen auf den Bus. Tobias war im Revier und ging seine Arbeit nach. Er fragte sich, wo er nur suchen konnte, um das Geheimnis der Zombies zu lüften. Egal welchen Gedankengang er nahm, es führte immer in die Sackgasse. „Es ist doch zum Verzweifeln", sagte Tobias geknickt. Lisa war an der Station, sie war nicht in Arbeitskleidung, die man im Gütertransport kannte, sondern im Kostüm, dass man im Personenverkehr hatte, aber das machte Lisa nichts aus, denn der Güterzug war schon bereit. Lisa bekam die Lieferpapiere, schaute, wo die Güter hinkamen und ging zu dem Zug. Lisa stieg in die MTU 4000 Diesellokomotive, mit einer stärke von 2000 kW. Lisa sah, dass nur Männer wegen all der sexy Bilder von Bikini-Frauen und völlig nackten Frauen in dieser Lokomotive arbeiteten. Es gab auch einen aktuellen Kalender mit freizügigen Frauen. Lisa startete den Motor und es ratterte. Das Depot gab die Freigabe, die Ampel sprang auf Grün und der Zug rollte ab. Die Lokomotive zischte, Lisa drückte zum Spaß auf die Hupe und die Lokomotive pfiff mit einem lauten Ton. Dies erinnerte Lisa an die guten alten Zeiten, als sie die einzige Frau war, die eine solche Lokomotive steuerte, aber sie bereute nie, dass sie zum

Personenverkehr wechselte. Es fing an zu tröpfeln, zum Glück war es nicht stark und fuhr die Gleise entlang. Lisa erhöhte die Geschwindigkeit, ein paar Kilometer wurde der Regen stärker, es hörte sofort wieder auf, plötzlich sprang ein Zombie auf die Gleise. Lisa sah den Zombie zu spät, sie dachte, dass es Mensch war und machte eine Vollbremsung. Der Zug stand, Lisa stieg aus und sah unter jeden Waggon, in dem sich die geglaubte Person befand. Sie sah ihn von weitem, war schockiert und rief im Depot an. Lisa erzählte den Unfall mit geschockter Stimme. Der Angestellte im Depot legte den gesamten Zugverkehr lahm, indem er zeigte, dass die Ampeln rot waren. „Bleib, wo du bist, wir werden die Polizei benachrichtigen", sagte der Chef im Depot. Lisa bestätigte, beendete das Gespräch und brach in Tränen aus. Ein paar Minuten später bewegte sich der Zombie, kroch unter dem Waggon hervor, stand auf und ging neben die Gleise entlang. Lisa hörte, dass jemand die Gleise entlang ging, drehte den Kopf und sah den Zombie. Lisa sah mit großen Augen, schrie vor Angst, rannte zur Lokomotive, stieg schnell ein und schloss die Tür ab. Der Zombie kam näher an die Lokomotive heran, Lisa hatte solche Angst und hoffte, dass die Polizei bald da war. Der Zombie kletterte auf die Lokomotive, stand an der Tür und schlug dagegen. Lisa suchte nach etwas, um sich zu verteidigen, aber es gab nichts, was helfen konnte. Die Scheibe wurde eingeschlagen, Lisa schrie und der Zombie versuchte Lisa zu packen. Lisa konnte aus der anderen Tür hinaus, aber der Zombie hätte das gesehen und wäre hinter ihr her. Ein Polizeiauto hatte den Zug erreicht und die beiden Beamten sahen, was auf der Lokomotive los war. Die Beamten stiegen aus, zogen die Pistolen und richteten sie gegen den Zombie. „Hey, steig sofort von der Lokomotive herunter!“, forderte ein Beamter. Der Zombie drehte sich um und sah die Beamten. Ein Polizist schoss auf den Zombie, traf Körper und Kopf und der Zombie fiel herunter. Der Beamte ging zur Lok, kletterte hinauf, sah das Lisa völlig mit den Nerven fertig auf dem Sitz saß. „Ganz ruhig, ich bin von der Polizei“, sagte er. Er öffnete langsam die Tür. Lisa rief Tobias Namen. „Wer ist Tobias?“, fragte der Polizist. Lisa bestätigte, dass Tobias ihr Mann war. Der Polizist fragte nach einem Ausweis, damit er wusste, mit wem er es zu tun hatte. Lisa holte ihr Ausweis aus dem Geldbeutel, durch Zufall sah der Polizist die Fotos von Tobias und Natalie, von Caroline hatte sie noch kein Foto, aber das wollte sie noch nachholen. „Warten Sie!“, forderte der Polizist. Lisa schaute ihn nur an. „Darf ich das Foto von dem Mann nochmal sehen?“, fragte er. Lisa zeigte ihm die Fotos. Der Polizist schaute sich das Foto von Tobias genau an. „Tobias“, sagte er kleinlaut. Da war Lisa erstaunt, aber durch den Schock sah man es ihr nicht an. „Sie kennen Tobias?“, fragte Lisa. „Wir waren zusammen bei den Feldjägern“, antwortete der Polizist. Das haute Lisa aus den Socken. Der Polizist fragte, ob sie Tobias anrufen konnte. Lisa holte ihr Smartphone heraus, entsperrte es, öffnete das Telefonbuch, suchte ›Schatz‹ und drückte auf verbinden. Tobias saß am Schreibtisch, machte seinen Papierkrieg, dann klingelte sein Smartphone, holte das Gerät heraus, las ›Liebling‹ und nahm das Gespräch an. „Hi Liebling“, grüßte Tobias und fragte anschließend, ob alles okay war. „Wie man es nimmt, Kumpel“, meldete sich der Polizist. Tobias konnte die Stimme nicht zu ordnen, aber das war nicht Lisa. „Wer sind Sie und woher haben Sie das Smartphone von meiner Frau?“, stellte Tobias die Fragen. Der Polizist ließ Tobias noch ein wenig zappeln. „Deine Frau ist neben mir, sie steht noch unter Schock, aber es geht ihr gut.“ Tobias schossen sämtliche Gedanken durch den Kopf. „Was wollen

Sie?“, fragte Tobias. „Ich möchte mit dir wieder zusammenarbeiten, wie früher“, antwortete der Polizist. Da war Tobias völlig durcheinander. „Zusammenarbeiten?“ „Weißt du nicht mehr wer ich bin?“, fragte der Polizist. Tobias antwortete nur mit Nein. Der Polizist löste nun das Rätsel. „Ich bin’s Dennis Neumann“, stellte sich der Polizist vor. Da fiel es Tobias ein, sein ehemaliger Kamerad aus der Feldjägerzeit. Tobias fragte erleichtert, wie es ihm ging. Dennis ging es gut und erzählte anschließend, warum er Lisa kannte. Nachdem sich Tobias die Aussage angehört hatte, wollte er sich, um Lisa kümmern und fragte, wo er war. Dennis gab ihm die Koordinaten durch. „Gib mir bitte Lisa“, bat Tobias. Dennis gab Lisa das Smartphone. Lisa nahm zittrig das Smartphone. „Schatz“, sagte nur Lisa. „Du brauchst keine Angst mehr zu haben, ich mache mich auf den Weg zu dir und auf Dennis ist verlass, er passt auf dich auf“, erklärte Tobias. Lisa beendete das Gespräch, Tobias machte sich sofort auf den Weg und meldete sich bei seinen Kollegen/Kolleginnen ab. Er war so schnell aus dem Büro draußen, dass niemand mehr fragen konnte, wo er hinging. Während Dennis auf Tobias wartete, unterhielte sich Dennis mit Lisa über die Zeit der Feldjäger.

Kapitel 8.

Vereint.

Dennis stellte sich an die Reling und schaute zu seinem Kollegen. „Ist alles in Ordnung?“, fragte Dennis. Sein Kollege zeigte nur seinen Daumen nach oben. Damit war Dennis zufrieden. Tobias fuhr mit einem Streifenwagen die Straße entlang. Lisa saß immer noch auf dem Sitz, hoffte das Tobias bald da war. Dennis und sein Kollege hatten die Umgebung im Auge, falls noch ein Zombie auftauchte. Der Gerichtsmediziner wurde auch schon informiert, um die Leiche abzuholen. Tobias war noch unterwegs, musste sich

Orienttieren, wo er sich befand und wo er hinmusste. Der Gerichtsmediziner war schneller, als Tobias, stieg aus dem Auto und schaute zu dem Zombie. „Noch einer?“, fragte der Gerichtsmediziner. Dennis schaute den Mediziner fragend an. „Wie meinen Sie das, noch einer?“ Der etwas in Jahre gekommene Gerichtsmediziner, mit grünlichen Augen, mit grauen Haare und Vollbart meinte, dass vor kurzem weitere solche Leichen in seinem Gerichtsmedizingebäude gebracht wurden. „Noch mehr?“, fragte Dennis überrascht. Der Gerichtsmediziner nickte nur mit dem Kopf. „Was zum Teufel geht hier vor? Wo kommen die her?“, waren Dennis Fragen. Darauf hatte der Gerichtsmediziner keine Antwort. „Das ist euere Aufgabe das herauszufinden.“ Kurze Zeit später erschien Tobias, stieg aus und ging zur Lok, um nach Lisa schauen, denn sie hatte oberste Priorität. Tobias stieg der Lok hinauf. Lisa sah ihn, stand auf und nahm ihn in die Arme. Lisa zitterte zwar noch, aber nicht mehr so arg, wie vorher. Tobias rieb Lisas Rücken, damit sie ruhiger wurde. Dennis nährte sich Tobias und faste ihn an der Schulter. Tobias erschrak sich, drehte sich um und sah seinen alten Waffenbruder. Tobias hatte nun auch seinen Arm um Dennis gelegt. Die beiden unterhielten sich, über den mysteriösen Fall mit den Zombies. Dennis machte Tobias den Vorschlag zusammenzuarbeiten und den Fall lösen. Tobias hatte gar nichts dagegen, es freute ihn, mit seinem ehemaligen Kameraden ein Team zu bilden, denn die beiden waren schon bei den Feldjägern die besten Kameraden. „Gib mir deine Handynummer, damit ich melden kann, wenn ich was herausfinde“, sagte Dennis. Tobias holte seinen Notizblock aus der Brusttasche und schrieb seine Handynummer auf und übergab Dennis den Zettel. Dennis dankte ihm und steckte den Zettel ein. Tobias hatte noch eine Bitte.

Dennis wollte wissen, um was es ging. Tobias bat Dennis den Streifenwagen in sein Revier zurückzubringen. Das machte Dennis, auf ihn war immer verlass, wenn Dennis was versprach, hielte er sein Versprechen. Tobias gab ihm den Schlüssel. „Was machst du?“, fragte Dennis. „Ich bleibe bei meiner Frau, wer weiß was noch passiert“, antwortete Tobias. Dennis hielte das für eine gute Idee und kletterte von der Lok hinunter.

Freie Fahrt.

Die Einsatzfahrzeuge fuhren davon. Lisa telefonierte mit dem Depot, dass die Fahrt fortgesetzt werden konnte. Der Mitarbeiter gab sofort dem Zugverkehr grüne Ampeln. Lisa startete den Motor. „Fühlst du dich stark genug?“, fragte Tobias besorgt. „Wenn du bei mir bist ja“, antwortete Lisa optimistisch. Lisa setzte den Zug in Bewegung und die Fahrt begann. Tobias stand mit Lisa in der Fahrerkabine, dabei schaute er sich die sexy Bilder an. Lisa sah es, aber es war für sie keinen Grund zur Eifersucht, denn es waren nur Bilder. Lisa erhöhte die Geschwindigkeit. Tobias schaute Lisa auf die Finger, wie sie die Instrumente beherrschte, dabei sah er den vergoldenden Ehering, mit einem kleinen Diamanten in der Mitte. Es war der gleiche denn auch Melanie hatte, aber Tobias hatte nie den Mut gehabt, den Ring seiner verstorbenen Frau vom Finger abzuziehen und kaufte stattdessen einen neuen, dass Melanie ihren Ring mit in den Sarg nahm. Nach etlichen Kilometern sahen, die beiden das eine große Spinne im Gleisbett stand. Lisa drosselte die Geschwindigkeit, aber Tobias hielte ihre Hand und erhöhte die Geschwindigkeit. Lisa sah zu Tobias und sah, dass er es ernst meinte. Tobias war eigentlich ein Tierfreund, aber da machte er eine Ausnahme. Lisa genauso, sie hatte nie den Mut, einem Tier Leid zuzufügen. Der Zug kam der Spinne immer näher, die Spinne wedelte mit den Vorderbeinen. Lisa drückte auf die Hupe, damit das Ungeheuer erschrak, aber das war nicht der Fall, die Spinne blieb Standhaft. Lisa konnte es nicht sehen was gleich passierte und presste die Augen zu. Gnadenlos wurde die Spinne von der Lok erfasst und zerrissen. Tobias öffnete die Tür, ging vorsichtig der Reling entlang, bis nach vorne, der Fahrtwind drückte gegen Tobias, das er es schwer hatte voran zu kommen, zog seine Waffe und schaute nach, ob die Spinne wirklich weg war, oder sich festhielte. Keine Spur von einer Riesenspinne, nur ein paar Blutspritzer waren zu sehen. Tobias steckte seine Waffe wieder in den Halfter, hielte sich fest und spürte den Gegenwind. Das hielte Lisa für keine gute Idee, bei der hohen Geschwindigkeit am Reling zu stehen und ging kurz nach draußen. „Schatz, komme rein, du könntest verletzt werden", sagte Lisa. Tobias kam Lisas Ansage nach, denn sie wusste, wovon sie sprach. Tobias musste sich ganz schön festhalten und betrat die Fahrerkabine. Zwischen den Signalen, war ein ziemliches Spinnennetz angebracht, dass verlassen war. „Ob das Netz, das der Spinne gehört, die wir überfahren haben?“, fragte Lisa. „Kann gut möglich sein“, antwortete Tobias. Damit hatte Lisa keine Probleme durch das Netz zufahren, denn es war kein Tier vorhanden, der Zug fuhr durch und das Netz war zerstört. Die Strecke war frei, alle Signalampeln waren auf Grün geschaltet und die Weichen waren eingestellt. „Bist du noch gut im Zeitplan?“, fragte Tobias. Lisa schaute auf ihre Damenarmbanduhr. „Wir werden mit Verspätung ankommen“, antwortete Lisa. Da fragte Tobias, ob es da Ärger geben könnte, aber da meinte Lisa das es im Gütertransport nicht so schlimm war, wie im Personentransport. Etliche Kilometer weiter kam ein Eisenbahntunnel. Lisa schaltete das Licht noch bevor es dunkel wurde ein. Der Tunnel hatte eine gute Länge. Zwei Zombies waren im

Gleisbett unterwegs. Lisa sah die beiden lebenden Leichen zu spät und erfasste die zwei. Lisa hatte wieder ein schlechtes Gewissen, aber Tobias beruhigte sie, indem er ihr sagte, dass es nur Zombies waren. „Was ist, wenn es doch Menschen waren?“, fragte Lisa geschockt. Tobias schüttelte den Kopf. „Wenn es Menschen gewesen wären, wären die zur Seite gesprungen. Jeder Mensch weiß, dass man sich mit einem Zug nicht anlegt“, erklärte Tobias. Lisa gab Tobias recht, außerdem wusste jeder Mensch, mit gesundem Menschenverstand, dass es auf den Gleisen gefährlich war. Der Zug kam aus dem Tunnel heraus, Lisa schaltete das Licht aus und bis zum Güterbahnhof war es nicht mehr weit. Nach einigen Kilometern sah Lisa den Güterbahnhof, drosselte die Geschwindigkeit und der Zug wurde immer langsamer. Lisa fuhr den Zug langsam in den Güterbahnhof, bis zum Haltepunkt. Tobias war erstaunt, wie Lisa diesen Zug beherrschte, als hätte Lisa jahrelang nichts anderes gefahren, als nur Güterzüge. Lisa blockierte die Bremse, schaltete den Motor ab, kletterte von der Lok und löste eine Kopplung, dass nur noch die Lok übrig war. Tobias hatte auch die Lok verlassen und wollte seiner Lisa irgendwie helfen. Das konnte er auch. „Wenn ich die Beförderungspapiere unterschrieben habe, fahre ich die Lok ein wenig vor und du kannst die Weiche stellen, dass wir wieder zurückkommen", erklärte Lisa. Tobias hatte von Weichen keine Ahnung. Lisa erklärte es, es war gar nicht so schwer, wie es sich Tobias vorstellte. Lisa ging zum Hauptgebäude, sah eine männliche Leiche im Alter von ungefähr 30 aufwärts, mit schlanker Statur im Sitz. Sie bekam einen Schreck und rief Tobias. Tobias kam zu ihr, sah die Leiche, zog seine Waffe, richtete die auf die Leiche. Lisa unterschrieb ganz schnell die Papiere und ging mit Tobias hinaus.

Zurück nach Hause.

Tobias machte sich auf den Weg zu der Weiche. Lisa kletterte die Lok hinauf, startete den Motor und fuhr los. Tobias stand bei der Weiche und wartete bis Lisa vorbeifuhr. Lisa war an vorbei, bremste und kam zum Stehen. Tobias stellte die Weiche um, rannte zur Lok, kaum hing er an der Reling, sah er das mehrere Ratten, mit hellgrünen Augen aus dem Güterbahnhof herausrannten und der Zombie, der auf dem Sitz saß, torkelte hinterher. „Das gibts doch nicht“, sagte Tobias. Er zog die Waffe, zielte auf den Zombie, schoss ein Projektil ab und traf den Zombie mit einem Volltreffer die Stirn. Tobias kletterte hinauf zu Lisa und bedrängte sie schneller zu werden. Lisa sah die Ratten und es waren nicht wenige. „Oh mein Gott“, sagte nur Lisa und drückte den Hebel für die Geschwindigkeit, bis zum Anschlag. Die Ratten verteilten sich im Bahnhof. Die Lok wurde immer schneller, Lisa hoffte noch rechtzeitig aus dem Güterbahnhof herauszukommen. Einige Ratten kamen unter die Räder und wurden von der Tonnenschweren Lok zerquetscht. Die Lok fuhr aus dem Güterbahnhof hinaus und fuhr die gleiche Strecke zurück. Lisa rief zu Hause an, um mitzuteilen, dass die Mädchen nicht warten mussten. Lisa hatte ein ziemlich schlechtes Gewissen, die beiden Mädchen so lange alleine zu Hause zu lassen, aber die Nachbarin passte schon auf, dass den beiden nichts passierte. Natalie und Caroline saßen am Wohnzimmertisch, spielten Mau-Mau, bis Natalies Smartphone klingelte. Natalie schaute auf das Display und las den Namen >Tante Lisa<, Natalie wollte den Namen noch in Mama umändern. Natalie nahm das Gespräch an. „Hallo Mama“, grüßte Natalie. Das rührte Lisa immer wieder. „Hallo meine Süße“, grüßte Lisa zurück. Natalie fragte, ob alles in Ordnung war. Das bestätigte Lisa und fragte das Gleiche. Auch bei Natalie und Caroline war alles in Ordnung. „Was macht ihr beiden?“, fragte Lisa. „Wir spielen Mau-Mau“, antwortete Natalie. Lisa erklärte, dass es spät werden konnte, bis Lisa und Tobias nach Hause kamen und brauchten nicht zu warten. Natalie bestätigte dies. Die beiden verabschiedeten sich, Lisa machte am Smartphone Kuss Töne. Natalie gab Kuss Töne zurück, legte auf und ihr Smartphone auf den Wohnzimmertisch. „Wer war das?“, fragte Caroline. „Mama hat angerufen, es wird spät, bis unsere Eltern nach Hause kommen und wir brauchen nicht zu warten“, antwortete Natalie. Die beiden spielten weiter und das mehrere Runden, bis die beiden keine Lust mehr hatten. Der späte Abend war angebrochen, die Rückfahrt zum Depot verlief diesmal ohne Zwischenfälle. Lisa und Tobias verließen die Lok. Lisa steckte ihre Zeitkarte aus dem Kartenlesegerät heraus, hakte sich bei Tobias ein und machten sich auf den

Heimweg. Es war kein Mensch unterwegs, die Laternen leuchteten den Weg, es war wie ausgestorben, denn viele Menschen hatten Angst vor den Zombies und Mutanten und trauten sich nicht auf die Straße, außer es musste sein. Ein paar Meter weiter war ein Hund, mit dunkelgelben Augen und knurrte bedrohlich. Lisa bekam es mit der Angst zu tun. Tobias zog seine Waffe, zielte auf den Hund und wartete, bis er entweder nah genug war oder verschwand. Der Hund kam langsam immer näher und knurrte noch bösartiger. Tobias erschoss den Hund mit einem gezielten Kopf Treffer. Der Hund lag in einer Blutlache, Tobias zielte auf den Hund und ging mit Lisa an ihn vorbei. Als beiden Hund hinter sich ließen, drehte sich Lisa mehrmals um, um sicher zu sein, das der Hund nicht nachkam. Tobias und Lisa kamen nach Hause. Lisa öffnete mit dem Schlüssel die Tür, betraten das Haus. Das Erste, was Lisa tat, war nach den Mädchen zu schauen und ging zu Natalies Zimmer. Sie sah, dass die zwei Mädchen schon schliefen und verließ das Zimmer wieder. Nun machten sich Tobias und Lisa zurecht, um sich schlafen zu legen. „Schlafen die beiden schon?“, fragte Tobias. „Ja, tief und fest“, antwortete Lisa.

Kapitel 9.

Nächtlicher Alptraum.

Lisa und Tobias lagen Arm in Arm im Bett. Nach einer Weile verfiel Lisa im Tiefschlaf. Es begann einen Alptraum: Lisa erwachte durch ein Geräusch, dass sich im Haus ereignete. Lisa setzte sich im Bett auf, stand auf, ohne sich anzuziehen, nur mit dem schwarzen Minislip, um nachzuschauen. Sie betrat das Wohnzimmer und hörte hinter sich ein unheimliches Geräusch. Lisa drehte sich um, sah wie ein Zombie aus der Küche auf sie zu kam. Sie schrie, rannte in den Flur, die Kellertür klapperte, dann wurde die Kellertür aufgebrochen und es kamen Zombies heraus. Auch Tobias hatte sich in einen Zombie verwandelt und ließ sich blicken. Lisa war völlig mit den Nerven fertig und war eingekreist. Dann sah sie, wie Natalie und Caroline als Zombie-Mädchen die Treppe herunterkamen. Das war für Lisa zu viel, brach zusammen, viel zu Boden und verlor das Bewusstsein. Lisa schreckte völlig verängstigt, mit Schweiß auf der Stirn auf, setzte sich auf und war nur am Zappeln. Tobias war schon wach, da er von Lisa unabsichtlich geweckt wurde. Er wollte sie behutsam in die Arme nehmen, als Lisa Tobias spürte wurde sie hysterisch und schlug um sich herum. „Ganz ruhig mein Liebling“, sagte Tobias. Lisa hörte Tobias Stimme, wurde sofort wieder ruhiger, nahm ihn weinend in die Arme und sagte unter Tränen, dass sie einen fürchterlichen Alptraum hatte. „Erzähle was im Traum passierte?“, fragte Tobias. Lisa erzählte ihm von dem Traum und zitterte am ganzen Leib. „Du brauchst keine Angst zu haben, ich passe schon auf, dass weder ich noch du oder die Mädchen zu Zombies werden", versprach Tobias. Das beruhigte Lisa ein wenig und fragte, ob er es ernst meinte. „Todernst", sagte Tobias sarkastisch. Darüber konnte Lisa nicht lachen, obwohl sie sich an Tobias sarkastischen Humor gewöhnt war. Tobias lehnte sich mit Lisa auf die Matratze zurück und hatte sie fest in seine Arme. Lisa versuchte sich wieder zu beruhigen, konnte nicht mehr schlafen und hatte ihren Kopf auf Tobias Brustkorb. Tobias schlief sofort wieder ein, nur Lisa blieb wach. Nach 2 Stunden ging die Sonne auf, Lisa konnte nicht mehr liegen bleiben, gab Tobias vorsichtig einen Kuss auf die Lippen, stand auf, aber durch den Traum war sie noch völlig durcheinander, dass sie keinen Morgenmantel anzog und ging nur mit dem schwarzen Minislip in die Küche. Caroline erwachte aus dem Schlaf, stand auf, zog sich an, ging die Treppe hinunter, zur Küche und sah die halbnackte Lisa, beim Kaffee kochen. Lisa sah Caroline, aber sie fragte sich, warum Caroline wegschaute und etwas rot wurde. Nun fiel es Lisa auf, sie hatte keinen Morgenmantel an, Lisa ging zur Caroline gab ihr ein Küsschen auf die Wange, ging ins Schlafzimmer und zog ihren grauen Morgenmantel an. Dann kam Lisa wieder in die Küche. Caroline sah, das Lisa ihren Morgenmantel anhatte und setzte sich an den Küchentisch.

Neuigkeiten.

Das Smartphone von Tobias klingelte. Tobias schrak auf, nahm sein Smartphone und drückte auf Annahme. Tobias hatte Dennis an der anderen Leitung: „Guten Morgen Tobias“, grüßte Dennis. Tobias rieb sich seine Augen: „Guten Morgen“, grüßte Tobias und fragte, was es gab. Dennis erzählte, dass es, was Neues gab und sollte in die Gerichtsmedizin kommen. „Was für Neuigkeiten?“, fragte Tobias. „Darüber sprechen wir, wenn du in der Gerichtsmedizin bist“, antwortete Dennis.

Tobias sagte zu, aber es dauerte eine Weile, bis er da war. Das machte Dennis nichts aus, er war den ganzen Tag in der Gerichtsmedizin. Tobias und Dennis beendeten das Gespräch. Tobias stand auf, ging zum Kleiderschrank und zog sich an. Caroline und Lisa waren am frühstücken. Natalie war die einzige, die noch schlief. Tobias erschien in der Küche und grüßte die beiden mit einem guten Morgen. Die beiden grüßten zurück, Lisa fragte, ob alles in Ordnung war. „Es gibt Neuigkeiten, über die wandelnden Leichen", antwortete Tobias. Lisa war angewidert. „Bitte sprich nicht am frühen Morgen und nicht beim Frühstück darüber", bat Lisa. Tobias konnte nicht viel darüber sagen, da er in die Gerichtsmedizin musste, aber erstmal eine Kleinigkeit essen. Natalie erwachte mit gemischten Gefühlen aus dem Schlaf, stand auf und zog sich an. Lisa fiel ein, dass es an der Zeit war sich zu duschen. „Wir haben durch den Tumult unsere Körperhygiene vernachlässigt", sagte Lisa. Tobias wollte sich erst duschen, wenn er den Fall gelöst hatte. Lisa bestand darauf. „Dann sollen die Mädchen zuerst duschen gehen", sagte Tobias. Lisa widersprach: „Du sollst doch in die Gerichtsmedizin, da wäre es sinnvoller, wenn du zuerst gehst." Tobias schaute Lisa in die verliebt in die Augen. Lisa schaute ihm auch in die Augen, aber nicht verliebt, sondern fraglich. „Was ist los?", fragte Lisa. „Wie gerne würde ich wieder mal mit dir duschen", antwortete Tobias. Lisa überlegte kurz und war einverstanden. Caroline saß am Tisch und hoffte, dass sie nicht mit Natalie duschen musste. Caroline hatte absolut nichts gegen Natalie, mit ihr im selben Bett schlafen, weil es keine andere Möglichkeit gab, hatte Caroline akzeptiert, aber mit Natalie zusammen duschen, dass musste nicht sein. Natalie kam in die Küche. Die 3 sahen sie. Wie verändert ging Natalie zu Lisa, gab ihr ein Küsschen auf die Wange. Lisa war gerührt. Dann bekam Tobias ein

Küsschen, von Natalie auf die Wange. Das überraschte Tobias. Dann war Caroline an der Reihe und bekam von Natalie ein Küsschen auf die Wange. Darauf war Caroline nicht vorbereitet, schaute mit großen Augen in die Runde und errötete. Natalie setzte sich neben Caroline. Lisa stand auf, machte für Natalie einen Tee. Tobias streichelte Natalies Kopf. „Das sind wir von dir gar nicht gewohnt", sagte Tobias. Natalie brach in Tränen aus, erzählte, seit es mit den Zombies angefangen hatte und ein Waisenkind in die Familie kam, dann zu Lisa Mama sagte, wurde ihr alles bewusst. Natalie brach ab und konnte nicht mehr weiter erzählen. Lisa ging zu ihr legte ihren Arm um Natalies Schulter, Caroline hatte ihren Arm um Natalies Hüfte gelegt und Tobias streichelte Natalie an der Wange. Allen war bewusst, was Natalie sagen wollte und waren gerührt von Natalies Offenheit. Lisa holte die Tasse, mit dem Tee vom Küchenschrank und stellte die Tasse vor Natalie, auf den Tisch. Natalie trank einen Schluck, aber essen konnte sie im Moment nichts. Tobias stand vom Tisch auf, wollte sich Klamotten holen und wurde von Lisa gebeten für sie auch mitzubringen. „Was willst du anziehen?“, fragte Tobias. Lisa war es egal. Tobias ging zum Schlafzimmer. Lisa sagte zu den beiden, dass die danach an der Reihe waren. Caroline traute sich einfach nicht zu fragen, ob sie mit Natalie duschen sollte und ließ sich überraschen, aber sie glaubte nicht, dass Lisa es zuließe. Tobias kam mit Klamotten zurück. Lisa schaute ihn an und sah seinen Bart, der inzwischen wuchs. „Du siehst mit deinem Bart verändert aus“, sagte Lisa. Tobias faste sich selbst ins Gesicht und spürte den stachligen Bart. Lisa machte den Vorschlag, dass er sich zuerst rasieren sollte und sie räumte in der Zwischenzeit in der Küche auf. Tobias hielte es für eine gute Idee und verschwand im Bad. Lisa räumte das Geschirr in die

Spülmaschine, machte alles zurecht, schloss die Klappe und startete die Spülmaschine. Natalie saß am Tisch und starrte ins Leere. Lisa nährte sich Natalie, beugte sich zu ihr hinunter. „Hey Schätzchen“, sprach Lisa Natalie an. Natalie schaute zu ihr. „Es tut mir leid, dass ich meine Blockade nicht früher brechen konnte“, sagte Natalie reumütig. Lisa nahm Natalie in die Arme. „Lieber spät als nie“, konterte Lisa. Tobias war mit dem rasieren fertig. Lisa ging ins Bad, schloss die Tür und die Dusche rauschte. Die beiden Mädchen saßen am Tisch und warteten, bis Tobias und Lisa fertig waren. Liebe unter der Dusche, hatte Tobias schon lange nicht mehr, mit Lisa gehabt. Mit Melanie hatte er es öfter gehabt. Melanie hatte immer eine Vorliebe gehabt, Liebe an ungewöhnlichen Orten zu machen, Lisa war da altmodischer, sie wollte es gemütlich und unbeobachtet. Caroline fragte, ob sie Natalie, mit einem Geheimnis aufmuntern sollte. Natalie fragte neugierig, was für ein Geheimnis. Caroline erzählte, dass sie Lisa fast nackt gesehen hatte. Das hob Natalie nicht gerade die Stimmung, aber es war interessant. Nach einer Weile kamen die beiden wieder aus dem Bad. Lisa klatschte zweimal in die Hände und forderte, dass die Mädchen nun unter die Dusche sollten. Nun konnte Caroline ihre Frage nicht mehr zurückhalten und musste es unbedingt wissen. „Sollen wir auch zu zweit unter die Dusche?“ Natalie schaute Caroline, mit großen Augen an. Lisa musste kleinlaut lachen. „Nein, jeder einzeln“, antwortete Lisa. Tobias gab Lisa, Natalie und Caroline ein Küsschen und musste dringend los. Tobias startete den Motor und fuhr davon.

Lage Besprechung.

Tobias kam bei der Gerichtsmedizin an, stieg aus und ging zum Gebäude. Da Tobias nicht in der Uniform war, wurde er von anderen Polizisten, die ihn nicht kannten aufgehalten. Tobias erklärte, dass er Polizist war, aber nicht im Dienst und sollte sich mit Dennis Neumann treffen. Ein Polizist forderte, dass Tobias Ausweis. Tobias holte seinen Ausweis, aus dem Geldbeutel, gab es dem Polizisten und sollte und warten, bis Tobias angemeldet wurde. Der Polizist ging hinein, klopfte an der Tür und wurde vom Gerichtsmediziner hereingebeten. Der Polizist öffnete die Tür und trat ein. „Herr Zunder möchte mit Herrn Neumann sprechen." Dennis war erfreut. „Schicken Sie ihn herein, keine Sorge, er ist auch ein Polizist, wie wir alle", erklärte Dennis. Der Polizist ging wieder zum Eingang, gab Tobias den Ausweis zurück, erlaubte den Zutritt und bekam erklärt, wo Tobias hin sollte. Tobias folgte der Wegweisung, kam an und klopfte an der Tür an. „Komme rein Tobias!", forderte Dennis. Tobias öffnete die Tür, betrat die Leichenhalle und sah die abgedeckten Leichen. Eine junge Polizistin, mit einer normalen Statur, im Alter von knapp 20 Jahren und frisch von der

Polizeischule stand neben der Tür. Dennis kam Tobias näher und reichte ihm die Hand. „Na wie gehts dir?“, fragte Dennis erfreut. „Mir gehts gut“, antwortete Tobias und fragte das Gleiche an Dennis. Auch Dennis ging es gut. „Lassen wir die Formalitäten und gehen ans Eingemachte“, sagte Dennis. Tobias nährte sich mit Dennis einer toten Zombie-Leiche, die den endgültigen Tod fand. „Also was für Neuigkeiten habt ihr?“, fragte Tobias. Der Gerichtsmediziner hatte dafür die richtige Antwort. „Gut, das Sie fragen, den die Zombies wurden nicht, wie in einem Film zum Leben erweckt, sondern durch ein merkwürdiges Serum“, erklärte der Gerichtsmediziner. Tobias schaute den Gerichtsmediziner fragend an. „Was für ein Serum?“ Der Gerichtsmediziner erklärte, dass er eine Probe in ein Labor geschickt hatte und ließe es untersuchen. „Wie lange wird es dauern, bis Sie das Ergebnis haben?“, fragte Tobias. Das konnte der

Gerichtsmediziner nicht genau sagen, es kam darauf an, wie schnell das Labor arbeitete. „Wir brauchen Morgen die Ergebnisse!“, forderte Dennis. Das konnte der Gerichtsmediziner nicht versprechen, aber er kümmerte sich darum. „Das Serum kann nur von einem Labor hergestellt worden sein“, stellte Tobias fest. „Was willst du machen, alle Labore durchsuchen lassen?“, fragte Dennis. „Wir haben keine andere Wahl“, antwortete Tobias. Dennis erinnerte Tobias, dass es viele Labore im Umkreis gab. Tobias fragte, ob er eine andere Idee hatte. Da musste Dennis passen. Tobias schlug vor, dass er und Dennis in Kaiserslautern anfingen. Dennis wollte wissen, warum ausgerechnet dort. Tobias antwortete, dass es in Kaiserslautern mehrere Labore gab. Dennis willigte ein, aber er wollte das noch mehrere Polizisten im Umkreis suchten. Unter einer Leichendecke bewegte sich ein Zombie, Tobias und Dennis sahen es nicht, da waren die beiden zu sehr im Gespräch vertieft, aber die Polizistin sah es und bekam große Augen. Sie zog die Waffe aus dem Holster heraus. Der Zombie deckte sich auf, dass die Leichendecke zu Boden fiel, setzte sich auf und wollte aufstehen. Die Polizistin zielte auf den Zombie, betätigte den Abzug und traf den Zombie in die Stirn. Alle anwesenden hörten den Schuss, die Polizisten, die draußen standen, stürmten herein. Dennis ging zu der Polizistin, die ihre Pistole zittrig in den Händen hielte. Dennis nahm ihr die Waffe ab und sagte, dass sie sich beruhigen sollte. „Du hast uns allen das Leben gerettet“, sagte noch Dennis lobend. Die Polizistin war gerührt, aber der Schock war tief in ihr.

Kapitel 10.

Besorgung.

Tobias wollte sofort anfangen. „Was jetzt?“, fragte Dennis. Tobias wollte nicht warten, bis eine weitere Katastrophe geschah. „Wollen Sie nicht bis Morgen warten?“, fragte der Gerichtsmediziner. „Keine Zeit“, antwortete Tobias. Tobias verließ den Raum. „Entschuldigung, er ist so“, sagte Dennis zu dem Gerichtsmediziner. Dennis kannte Tobias, wenn sich Tobias was in den Kopf gesetzt hatte, hielte ihn nichts und niemand auf. Deswegen hatte Tobias bei den Feldjägern mehrere Auszeichnungen erhalten, aber auch viel ärger, weil er immer so hastig vorging. Dennis folgte Tobias. Tobias stand bereits draußen und wartete auf Dennis. Als Tobias Dennis sah, wollte er einsteigen. „Warte!“, forderte Dennis. „Was ist?“, fragte Tobias. Dennis schlug Tobias vor, sein Auto zu Hause abstellen, und Tobias sollte dann mit Dennis im Auto mitfahren. „Wozu?“, fragte Tobias überraschend. „Ich kenne dich, wenn du es so eilig hast, hast du eine Vorahnung und es gibt eine Katastrophe“, sagte Dennis. Tobias grinste frech, weil er wusste, was Dennis damit sagen wollte. Tobias startete den Motor. Dennis startete auch seinen Motor und die beiden fuhren davon. Die Wissenschaftler waren im Labor und berieten sich. „Wenn die Polizei es herausfindet, werden wir für eine lange Zeit ins Gefängnis gehen“, sagte der ältere Wissenschaftler. „Wie wäre es, wenn wir aus dem Land verschwinden?“, fragte der Jüngere. „Wir werden gesucht, egal wohin wir gehen“, sagte ein anderer Wissenschaftler. „Was machen wir?“, fragte der Jüngere. „Wir werden abwarten, wann die Polizei auf unser Labor stoßt, dann werden wir sie richtig Empfangen“, antwortete der ältere. Tobias kam mit Dennis zu Hause an, Tobias parkte sein Auto. Natalie ging an das Fenster, aber Tobias stieg in Dennis Auto. Noch bevor Natalie was sagen konnte, fuhr Dennis davon. „Wo fahren wir hin?“, fragte Tobias. Dennis antwortete das Tobias abwarten sollte. Tobias war schon ganz gespannt, wo die Fahrt hinging. Tobias schrieb Lisa eine WhatsApp Nachricht, dass der Wagen zu

Hause stand und mit Dennis unterwegs war, um die Sache mit den Zombies aufzuklären. Lisa erhielte die Nachricht, las es und musste sich keine Sorgen um ihn machen. So wusste Lisa Bescheid, was Tobias vorhatte. Fast 3 Stunden fuhr Dennis, mit Tobias im Auto. Tobias kam die Gegend bekannt vor und Tobias las das Ortsschild ›Hilden‹ „Was machen wir hier?", fragte Tobias. Dennis antwortete nur, dass es zu der Feldjägerkaserne ging. „Was willst du dort?", fragte Tobias und fügte noch hinzu, dass die beiden keine Feldjäger mehr waren. Das wusste Dennis, aber er hatte noch dort Kontakte. Als Dennis an der Schranke, am Kasernenhof ankam, stand ein Feldjäger und hielte Wache. Dennis hielte neben dem Soldaten an und ließ das Fenster herunter. „Guten Tag", grüßte der Soldat und fragte, ob er behilflich sein konnte. Dennis gab ihm eine Einfahrterlaubnis, die von einem Oberstleutnant unterschrieben war. Der

Soldat ließ ihn einfahren. Am Parkplatz stiegen die beiden aus und gingen zur Kaserne. Die Feldjäger sahen die beiden beim Entgegenkommen und fragten sich, was die zwei hier wollten. Plötzlich kam der Oberstleutnant entgegen. Dennis freute sich das er den Oberstleutnant wieder sah. „Herr Oberstleutnant, Sie kommen, wie gerufen." Tobias freute sich auch als er den Oberstleutnant sah und schüttelte ihm die Hand. „Was kann ich tun?", fragte der Oberstleutnant. „Wir brauchen unsere alte Uniform und unsere ehemaligen Waffen", antwortete Dennis. Der Oberstleutnant war erstaunt und meinte, dass die beiden keine Feldjäger mehr waren. „Das habe ich auch zu ihm gesagt", sagte Tobias. Dennis erklärte dem Oberstleutnant die Sachlage, wegen der Zombies. Der Oberstleutnant hatte davon gehört. „Ich mache euch beiden einen Vorschlag, ihr zwei bekommt eine Uniform, Waffen und einen Transporter, aber nur als Leihweise und das nur Ausnahmsweise“, sagte der Oberstleutnant. Dennis und Tobias dankten ihm dafür. Der Oberstleutnant unterschrieb eine Erlaubnis und gab es Dennis. Eigentlich war es bei den Feldjägern nicht die Aufgabe, Zombies zu jagen, sondern Soldaten, die sich daneben benahmen, aber da Tobias und Dennis sehr gute Feldjäger waren, war es eine Ausnahme, aber nur eine einmalige Ausnahme. „Die Uniformen, Waffen und den Transporter hätte ich gerne wieder zurück!“, forderte der Oberstleutnant. Dennis versprach, dass alles wieder zurückgebracht wurde. Die beiden gingen zur Kleiderausgabe, Dennis zeigte die Erlaubnis und die Uniformen wurden ausgegeben. Nach dem Umziehen, ging es zu der Waffenausgabe, auch da zeigte Dennis die Erlaubnis und bekamen Waffen ausgehändigt, das waren nicht nur Alltagswaffen, sondern schwerere Geschütze. Dann ging es zum Fuhrpark, als Dennis die Erlaubnis vorzeigte, bekam

Dennis einen Schlüssel für einen Transporter. Die Waffen wurden in den Transporter geladen, dann wurde vorne Platz genommen. Dennis saß am Steuer und Tobias auf dem Beifahrersitz. Dennis startete den Motor. „Na, wie fühlst du dich?", fragte Dennis. „Wie in den alten Zeiten", antwortete Tobias. Dennis musste über die Antwort lachen, legte den Gang ein und fuhr los. Die Rückfahrt betrug auch fast 3 Stunden, mit der Abzweigung nach Kaiserslautern. Es begann die Abendstunden, aber es noch Taghell.

Starke Zombies.

In Kaiserslautern parkte Dennis auf einem öffentlichen Parkplatz, die beiden stiegen aus, gingen zum Verladebereich und holten die Waffen heraus, alle Waffen, bis auf eine waren von Heckler & Koch, nur die Schrotflinte war von dem Hersteller Benelli. Dennis hatte ein Kampfmesser, Maschinengewehr, eine Pistole, zog ein paar Handgranaten an die Weste und einen

Granatwerfer. Tobias hatte ein Kampfmesser, eine Pistole, Handgranaten, die an der Weste hochgezogen wurden und eine Schrotflinte. „So viel Aufwand, wegen ein paar Zombies?“, fragte Tobias. „Ich bin gerne vorsichtig“, antwortete Dennis. Tobias lies seinen Sarkasmus freien Lauf. „Eigentlich reicht doch nur eine Pistole und zur Not ein Messer.“ „Nun mal langsam, haue nicht so auf den Putz“, konterte Dennis. Das erinnerte Tobias an die alten Zeiten, als Soldaten, da flogen auch nur Sprüche und musste darüber lachen. In Kaiserslautern gab es 6 Labore. Das erste, dass auf dem Weg war, wurde von den beiden untersucht. Nach strenger Durchsuchung mussten die beiden feststellen, dass es ein Fehlschlag war. Nun war das zweite an der Reihe, dies war auch ein Fehlschlag. Nun das dritte Labor. Inzwischen hatten sich die Wissenschaftler dazu entschlossen, sich selbst das Serum zu spritzen, zwar die doppelte Dosis, vorher wurde das überflüssige Serum in den Abfluss geschüttet. Es verging eine Weile, bis die 5 Wissenschaftler starben und als Zombies erwachten. Als es nun so weit war, wurde die Haut blass, rissig, bis das Blut herauskam, der Körper wurde breiter, die Muskeln bauten sich enorm auf und hatten gelbliche Augen. Die Zombies standen auf und gingen hinaus. Das dritte Labor war für die beiden auch ein Misserfolg. Dennis holte seine Liste, mit den Laboren heraus und strich das dritte Labor. Die beiden hörten schreie von einer Frau. Die beiden schauten in die Richtung und sahen, wie eine Frau vor Panik rannte. Dennis und Tobias näherten sich ihr. Die Frau rannte Dennis gegen den Körper. Dennis hielte sie fest und fragte was los war. Die Frau erzählte Hektisch von Monster Zombies. „Monster Zombies?“, fragte Tobias. Plötzlich schallte ein Schrei durch die Straßen, dass nicht von einer Frau war. Dennis ließ die Frau los und die Dame rannte weiter. Die beiden folgten dem Geschrei und es wurde immer lauter. Dennis hatte ein ungutes Gefühl. Tobias ging es auch nicht anders. Als die beiden ankamen, sahen die zwei 5 Zombies mit weißen Kitteln. Tobias und Dennis schauten sich gegenseitig an. Die 5 Zombies sahen die beiden, gingen zu ihnen und fingen an die beiden zu umkreisen. Dennis legte den Granatwerfer an, schoss eine Granate ab, traf den ersten Zombie und es gab eine ohrenbetäubende Explosion. Die restlichen 4 rannten auf die beiden zu. Da die Wissenschaftler die doppelte Dosis nahmen, waren die Zombies schneller, als die anderen. Ein Zombie sprang zu Tobias. Tobias konnte gar nicht reagieren und wurde von dem Zombie weggestoßen, dass er gutes Stück nach hinten flog. Dennis konnte nicht eingreifen, wollte seinen Granatwerfer wechseln, aber wurde von einem anderen Zombie gestoßen, flog zu einem Parkendendes Auto, prallte dagegen und lag auf dem Boden. Der Granatwerfer lag auch auf dem Boden, Dennis nahm den Granatwerfer zielte, auf den Zombie, wollte eine Granate abschießen, aber durch den Fall blockierte der Granatwerfer. Dennis zog die Pistole und schoss auf den Zombie, traf nur den Körper. Das hielte den Zombie nicht auf und rannte zu Dennis. Tobias stand auf und schwankte ein klein wenig. Der Zombie der Tobias wegstieß, rannte auf Tobias zu. Tobias legte die Schrotflinte an, zielte direkt auf den Kopf und schoss eine Schrotladung ab. Der Treffer hatte Wirkung gezeigt, dass der Kopf zerplatzte. Dennis wurde von einem Zombie hochgehoben. Dennis rief um Hilfe. Tobias eilte zu ihm, schoss währendem rennen mit der Schrotflinte auf den Zombie, bis Dennis fallen gelassen wurde. Dennis lag auf dem Boden und durch den Aufprall schmerzte ihm die Leiste. Tobias schoss noch zweimal, dann war die Schrotflinte leer. Dennis gab Tobias Deckung und schoss mit der Pistole auf den Zombie, durch einen Glückstreffer in die Stirn. Dennis stand mit Schmerzen auf. Der letzte Zombie rannte auf die beiden zu, Tobias hob schnell den Granatwerfer auf, zielte, drückte auf den Abzug, aber der Granatwerfer war immer noch blockiert. Dennis schoss auf den Zombie, aber der war sehr flink und stieß die beiden mit voller Kraft weg. Der Granatwerfer fiel nochmal zu Boden. Dennis und Tobias standen auf, der Zombie rannte sehr schnell zu den beiden, so schnell konnten die beiden nicht zielen. Tobias wurde am Hals gepackt, verlor die Schrotflinte, nahm das Messer und stach ihm in den Hals. Das Blut floss aus der Wunde, direkt auf Tobias Uniform, aber auch durch die Öffnung, dass seine Haut verschmiert war. Der Zombie ließ Tobias los, indem der Zombie Tobias auf den Boden warf. Dennis rannte zu dem Granatwerfer hob es auf und hoffte, dass die Blockade weg war. Er zielte, Tobias sah es, rollte sich zur Seite, Dennis schoss, eine Granate kam heraus, traf den Zombie und explodierte. Tobias bekam wieder Blutspritzer von dem explodierten Zombie ab. Dennis rannte zu Tobias, um zu schauen, ob er in Ordnung war. Tobias ging es gut und wollte herausfinden, wo das Labor von denen war.

Das Ende des Horrors.

Tobias und Dennis gingen die Straße entlang und die beiden sahen ein verlassenes Gebäude, wo die Tür auf dem Boden lag. Das wollte sich Tobias genauer anschauen. Dennis ging mit ihm mit, stellten sich neben die Türschwelle, drehten sich und zielten, aber es war niemand anwesend. Vorsichtig betraten die beiden das Gebäude und durchsuchten die Räume. Die beiden stellten fest, dass das Gebäude leer war, aber den Keller wurde noch nicht durchsucht. Tobias und Dennis betraten vorsichtig, Stufe für Stufe den Keller und nahmen einen strengen Geruch wahr. Tobias betrat die Kellerräume. Dennis blieb vor der Tür und hielte Wache. Tobias sah in einem Raum, da waren Matratzen, eine umgefallene Tür und ging hinein. Tobias sah eine Terrarium mit einer Schlange, die sich nicht rührte. Tobias dachte, das Tier war Tot. Er sah noch einige Handgeschriebene Notizen auf dem Boden, hob die auf und las was geschrieben wurde. Plötzlich stellte sich die Schlange auf. Tobias schaute auf das Reptil, sah wie die Schlange das Maul öffnete und sah die Spitzen Zähne. Tobias legte die Schrotflinte an, zielte auf das offene Maul, schoss eine Schrotladung auf die Schlange, das der Kopf zerplatzte und das Blut verteilte sich im Raum. Dennis stürmte die Kellerräume zu Tobias. „Was ist passiert?“, fragte Dennis. Dabei sah Dennis das verteilte Blut. „Eine Schlange wollte mich beißen“, antwortete Tobias. Dennis nahm Tobias die Notizen ab und las das geschriebene. „Das ist der Beweis, dass hier illegale Experimente durchgeführt wurden“, erklärte Dennis.

Tobias gab ihm recht, aber Tobias meinte, dass dies egal war, die Wissenschaftler waren Tot und tote konnte man nicht mehr Bestrafen. Die beiden verließen das Gebäude, gingen zum Transporter, die Waffen wurde im Transporter verstaut, gingen zu der Fahrerkabine und stiegen ein. Dennis fuhr Tobias nach Hause, damit er duschen konnte. Lisa machte sich große Sorgen um Tobias und saß am Küchentisch. Natalie war bei Lisa und hatte sie ihren Arm um Lisa. Dennis bog in die Straße ein, parkte am Straßenrand, schaltete den Motor aus und beide stiegen aus. Die beiden gingen an die Tür, Tobias musste klingeln, weil sein Schlüssel in der anderen Hose war. Caroline öffnete die Tür und sah Tobias. „Papa", sagte Caroline. „Hi meine kleine", grüßte Tobias und streichelte ihre Wange. Lisa hörte Tobias stimme, kam eilig zur Tür. „Schatz", sagte Lisa erfreut. Lisa sah das Blut, war geschockt. „Keine Angst ich bin nicht verletzt", sagte Tobias. Lisa umarmte ihn. Natalie kam auch eilig, um Tobias zu begrüßen. Tobias wurde von seiner Familie herzlich begrüßt. Das rührte Dennis sehr und freute sich seine Freundin in die Arme zu nehmen. „Ich muss wieder unter die Dusche“, sagte Tobias. Da gab Lisa ihm recht. Tobias ging ins Schlafzimmer. Dennis wurde von Lisa hereingebeten. „Ich bleibe nicht lange, ich nehme die Uniform und bin wieder weg“, erklärte Dennis und fügte noch hinzu, dass es ein harter Tag war. „Das glaube ich, auch für mich war der Tag nicht einfach, da ich mir Sorgen, um Tobias machte“, sagte Lisa. Da hatte Dennis Verständnis. Tobias kam nur mit den Boxershorts aus dem Schlafzimmer, übergab Dennis den Rucksack, darin war die Uniform und dankte ihm für die Hilfe. „Kein Problem Kumpel, wir sind Polizisten und alte Waffenbrüder“, sagte Dennis. Dennis nahm den Rucksack verabschiedete sich und ging zum Transporter. Dann wurde der Motor gestartet und fuhr davon. Tobias ging unter die Dusche und wusch sich das Blut vom Körper. Lisa wartete, bis Tobias fertig war. Nach 15 Minuten, war Tobias mit dem duschen fertig, zog sich an und verließ das Bad. „Ist es vorbei?“, fragte Lisa. Tobias nickte mit dem Kopf. „Ja, es ist vorbei“, bestätigte Tobias. Da war Lisa sehr froh. Lisa fragte, ob er was Essen wollte, aber Tobias war sehr müde und wollte sich nur schlafen legen. Er ging ins Schlafzimmer, legte sich ins Bett und es dauerte nicht lange schlief er ein. Dennis hatte die Ausrüstung zurückgebracht. Im Labor wurde alles beschlagnahmt und wurde abgeriegelt, dass es niemand mehr benutzen konnte.

Ende.

Vielen Dank das Sie Interesse an dieser Geschichte hatten. Die Geschichte ist völlig frei erfunden, alle Namen und Städte sind rein zufällig und haben keinen Bezug auf lebende oder verstorbene Personen. Wenn Sie möchten, können Sie mich an Bekannten, Freunden und Familien weiterempfehlen. Freuen Sie sich auf meine nächste Geschichte.

Mit besten Grüßen ihr Autor:

Lilid DH

Die Rechtschreibung und Grammatik wurde über Spellboy überprüft.